JN015575

もっと楽しく

# 日常英会話
## ハンドブック

Handbook for Everyday English

新星出版社

# この本の特長と便利な使い方

**重要フレーズ**
覚えておくと役に立つ重要なフレーズです。

**基本フレーズ**
日常生活のさまざまなシーンで役に立つ、便利なフレーズをまとめました。

この本は、あいさつから道案内、ファッションや最近の話題など、日常会話で使える便利なフレーズを12章にまとめました。
豊富なイラストとカラフルな誌面で、伝えたいことがすぐに探せます。

---

Chapter 2
Expressing feelings and thoughts

# ほめる・はげます

## ✍ ほめる

| | | |
|---|---|---|
| ✓ | 本当によくやったね、うれしいわ。 | **I'm so proud of you.**<br>💬 努力して成し遂げたことに対して、「すごいね！」「私もうれしい」と一緒に喜んでいる気持を伝えることができる。 |
| | すごいじゃない！ | **That's great!** |
| | よくやったね。 | **You did great!**<br>≡ Well done.（よくできました）<br>💬 努力してできた成果をほめるときに使う。目上に人には使わない。 |
| | がんばったね！ | **Wow, you did a good job!**<br>⇨ I got a perfect score on my test!（テスト100点だったよ！）<br>⇦ Wow, you did a good job!（がんばったね！） |
| | 素晴らしい。 | **Amazing!**<br>💬 "Great!" よりも強く、驚きも含んだ表現。<br>≡ Fantastic!（すごいですね！） |
| | 前よりとてもよくなったね。 | **You're really improving.**<br>💬 以前と比べてできるようになったことや、努力をほめる。 |

気持ちや考えを伝える｜うれしさや感動を表現する・ほめる・はげます

55

---

● かっこの表記について

[ ]：「暑い［寒い］」「右［左］」など別の選択肢を入れてあります。
[米][英]：アメリカ英語とイギリス英語で表現が違う単語に付けています。

2

## 基本フレーズ

| このスカートに合う靴を買いに行きたいの。 | **I want to get some shoes to match this skirt.** |
|---|---|

⇨ Why don't we go the MARK'S summer sale next weekend?（来週末マークスのサマーバーゲンに行かない？）

🏵 "bargain" は「お買い得な商品」そのものを表し、"sale" は「特売」や「セール」を表す。

## ワードブック

| この指輪を見せてもらえますか🅰 | May I see this ring? |
|---|---|

**WORDBOOK ワードブック**

🅰

| 指輪 ring | 腕時計 watch | イヤリング earrings | ピアス pierces |
|---|---|---|---|

## WORD LIST

WORD LIST

**さまざまな趣味**

| 旅行 traveling | 海外旅行 traveling abroad |
|---|---|
| スイーツ食べ歩き dessert tour | 寺社巡り（パワースポット巡り） shrine and temple tour |
| ファッション fashion | ネイルアート nail art |

## ● Chapter 1 ● あいさつ・自己紹介

## ● Chapter 2 ● 気持ちや考えを伝える

● Chapter 3 ● 道案内・乗り物での会話

道をたずねる・説明する……………………… 62

### ● Chapter 4 ● イベント・休日・天気

## ● Chapter 8 ● 家族との会話

### ● Chapter 11 ● ショッピング

執筆協力：木住野優薫／ Andy Fox
編集協力：㈲プレシャスノート／㈲クラップス
本文デザイン・DTP：田中由美
イラスト：MICANO

## Chapter 1

# あいさつ・自己紹介

Greeting・Self-introduction

# あいさつ

## ✍ 話しかける

| こんにちは。 | **Hello.** |
|---|---|

🕊 "Hello" に対して "Hi"、"Hi" に対しては "Hello" など、おうむ返しの返事を避けるとナチュラル。

| すみません。 | **Excuse me.** |
|---|---|

🕊 相手の注意を引きたいときや、「失礼」とちょっとしたミスを謝るときなどに使える。

| 何かお困りですか? | **Do you need any help?** |
|---|---|

| 大丈夫ですか? | **Are you all right?** |
|---|---|

| どうかされましたか? | **Is something wrong?** |
|---|---|

🕊 相手の様子が普段と違ったり、困っていそうだと感じたときに声をかけるフレーズ。

≡ You look pale, is something wrong? (顔色が悪いみたい、どうかしたの?)

| 英語を話しますか? | **Do you speak English?** |
|---|---|

🕊 "Can you speak English?" (英語を話すことができますか?) では、英語話す能力があるかどうかをたずねることになり、相手に失礼な印象を与えるので注意したい。

| 手伝っていただけますか? | **Could you give me a hand?** |
|---|---|

⇐ Sure, what can I do for you? (はい、何をしたらいいでしょうか?)

| これを落としましたよ。 | **I think you dropped this.** |
|---|---|

| おたずねしたいことがあるのですが。 | **May I ask you something?** |
|---|---|

| ちょっとお話しできますか？ | **Can I talk to you for a minute?** |
|---|---|

| お話中すみません。 | **Sorry to interrupt.** |
|---|---|

🌸 interrupt =「遮る」「割り込む」
≡ Sorry to disturb you.（お邪魔してすみません）

| ご一緒してもいいですか？ | **Do you mind if I join you?** |
|---|---|

🌸 "Can I join you?" でもう少しカジュアルに「一緒にしてもいい？」「仲間に入れて」と積極的に友人の輪を広げる素敵な一言。

| どちらから来られたのですか？ | **Where have you come from?** |
|---|---|

⬅ We stayed in Kyoto for a few days and we come here today.（何日か京都に滞在して、今日ここに来ました）
≡ Where are you from?（ご出身はどちらですか？）

| この辺りにはよく来られるのですか？ | **Do you come here often?** |
|---|---|

## 📝 初対面の人とのあいさつ

| はじめまして。 | **Nice to meet you.** |
|---|---|

🌸 日本語の「よろしくお願いします」「お会いできてうれしいです」などの意味も含まれるあいさつ。状況に応じて使えばこれらの違いは伝わる。

| こちらこそ。 | **Nice to meet you too.** |
|---|---|

🌸 "Nice to meet you." と言われたときに返す常套句。

| お会いできるのを楽しみにしていました。 | **I've been looking forward to meeting you.** |
|---|---|

⬅ Same here.（私もです）

| お会いできてうれしいです。 | **I'm glad to meet you.** |
|---|---|

≡ I'm very happy to meet you.（お会いできてとてもうれしいです）

| | |
|---|---|
| 前にお会いしたことありましたか? | **Have we met before?** |
| マリのご主人のジョーさんですよね? | **You must be Mari's husband, Joe. Is that right?** |
| | 🐦 話には聞いていても直接会ったことのない相手に、「○○さんですよね?」と声をかけるフレーズ。 |
| マリはいつもあなたのことを話しています。 | **Mari is always talking about you.** |
| | ⇐ Only good things, I hope.(いい話だけならいいんですけど) |
| お噂はかねがねうかがっています。 | **I've heard a lot about you.** |
| | 🐦 "a lot" を "so much"(たくさん)、"great things"(すばらしいこと)などに置き換えることもできる。 |
| やっとお目にかかれましたね。 | **It's a pleasure to finally meet you.** |
| | 🐦 お互いのことは知っていたけれど、初めて顔を合わせたという場面で使えるフレーズ。"a pleasure" の代わりに "good" や "nice" でも OK。 |
| 今後ともよろしくお願いします。 | **I'm looking forward to working with you.** |
| | 🐦 これから一緒に働く同僚や仲間に、「一緒に仕事ができてうれしいです!」という気持ちを伝える。<br>≡ I'm really excited to work with you.(みなさんと一緒に働けることを楽しみにしています) |

## ✎ 知り合いとのあいさつ

| 元気？ | **How are you doing?** |
|---|---|
| ✓ | 🌱 "How are you?" よりもカジュアルで、普段から会っている親しい人に声をかけるときのあいさつ。<br>☰ How's it going?（元気にしてる？） |
| 最近どう？ | **What have you been up to?** |
| 調子はどう？ | **What's up?** |
| | 🌱 "What's up?" は親しい友人同士で使う、とてもカジュアルな表現。 |
| 元気よ、あなたは？ | **I'm good, how about you?** |
| 絶好調よ。 | **Couldn't be better.** |
| まあまあかな。 | **Pretty good.** |
| | 🌱 "pretty 〜" は「まあまあ〜」や「けっこう〜」のように少し意味を弱める働きがある。<br>☰ Not too bad.（まあまあかな） |
| 最近あまり調子がよくないの。 | **I haven't been feeling well lately.** |
| あいかわらずよ。 | **Same as usual.** |
| | ☰ Nothing much.（あいかわらずよ） |
| 特別なことはないね。 | **Nothing special.** |
| 仕事はどう？ | **How's your work?** |
| | 🌱 How is 〜 ？＝「〜はどうですか？」 |
| あいかわらず忙しいの？ | **Are you as busy as usual?** |
| | ⇐ Yes, very.（そうなの）<br>⇐ Not so much.（それほどじゃないかな） |

## 📝 久しぶりに会う人と

| | |
|---|---|
| 久しぶり！ | **Long time no see!** |
| | ≣ It's been a while.（おひさしぶりです） |
| こんなところで会うなんて！ | **I didn't expect to see you here!** |
| また会えてうれしいよ！ | **It's nice to see you again!** |
| お元気そうですね。 | **You look great.** |
| | 🏵 久しぶりに会った相手への一般的なコメント。 |
| 元気にしてた？ | **How have you been?** |
| | 🏵 久しぶりに会って「今までどうしてた？」と聞くときによく使われる表現。初対面の人に対しては使わない。 |
| 最後に会ったのはいつだった？ | **When was the last time we met?** |
| もう5年以上も会ってないよ。 | **I haven't seen you for more than 5 years.** |
| | ≣ I haven't seen you since 2008.（2008年から会ってないよね） |
| | 🏵 for ～ years =「～年間会っていない」。since ～ =「～以来会っていない」 |
| 信じられない！ 時間が経つのは早いね。 | **I can't believe it! Time flies so fast.** |

18

| 全然変わってないね。 | **You haven't changed at all.** |
| ご家族はどうしてる？ | **How is your family?** |

## ☑ 別れるときのあいさつ

| さようなら。 | **Goodbye.** |

🍃 誰に対しても使えるフレーズ。"Bye" はよりカジュアルな言い方。

| またね。 | **See you later.** |

≡ See you around.（じゃあね）

| 元気でね！ | **Take care!** |
| 運転に気をつけて帰ってね。 | **Drive safe.** |
| お話しできて楽しかったです。 | **I really enjoyed talking with you.** |
| またお会いしましょうね。 | **Let's get together sometime.** |
| また会えるのを楽しみにしていますね。 | **Hope to see you again.** |
| いつでも連絡してね。 | **Call me anytime.** |
| メグによろしくお伝えください。 | **Please give my regards to Meg.** |

🍃 "regard" には「尊敬」「敬意」という意味があり、そこから "Give my regards to 〜"（〜によろしくお伝えください）という常套句がよく使われる。
≡ Please say hello to Meg.（メグによろしくって伝えて）

| もうお別れの時間ね。 | **It's time to say goodbye.** |
| 寂しくなるわ。 | **I'm going to miss you.** |

🍃 しばらく会えなくなる人にかける、お別れのあいさつ表現。

# 自己紹介と相手との会話

## ✍ 自己紹介する

---

✓ 自己紹介してもよろしいですか？

**May I introduce myself?**

---

✓ 堀川春奈と申します。

**I'm Haruna Horikawa.**

≡ My name is Haruna Horikawa.（私の名前は堀川春奈です）

---

私は響と言います。あなたは？

**I'm Hibiki. And you are...?**

🐾 出会っていきなり "What's your name?" と聞くと第一印象を悪くしてしまうことがある。自分から名乗ると相手も応えやすい。

---

お名前は？

**Can I have your name?**

🐾 名前をたずねるときのカジュアルな表現。
≡ May I ask your name?（お名前うかがってもよろしいですか？）

---

ラストネームをもう一度お願いします。

**Could you repeat your last name, please?**

🐾 聞き取れなかったときの表現。
≡ What was your name again?（お名前をもう一度うかがえますか？）

---

✓ なんとお呼びしたらいいですか？

**What should I call you?**

---

✓ ハルと呼んでください。

**Please call me Haru.**

≡ My friends call me Haru.（友達からはハルと呼ばれています）

---

名前のスペルを教えてください。

**How do you spell your name?**

---

| 日本語の漢字には色々な意味が込められています。 | Each Japanese character, called Kanji, has various meanings. |
|---|---|

| 私の名前の千春は「千の春」という意味です。 | My name Chiharu means "a thousand spring seasons". |
|---|---|

🌸 名前に込められた漢字の意味を説明するととても喜ばれる。英語でどんな表現になるのか準備しておくといい。

| あなたの名前に漢字をあててみますね。 | Let me write your name in Japanese characters. |
|---|---|

| レオンさんは漢字で書くと「鈴音」になります。 | Your name Leon can be " 鈴音 " in Kanji. |
|---|---|

🌸 素敵な漢字をあてて意味を説明してあげても喜ばれる。

| 「愛」は日本でよくある名前なんですよ。 | "Ai" is a common first name in Japan. |
|---|---|

🌸 common =「一般的な」
≡ Higa is a typical last name in Okinawa. ( 比嘉は沖縄でよくある苗字なんです )

## 🔗 他の人を紹介する

| 友達の恵子を紹介します。 | I want you to meet my friend Keiko. |
|---|---|

🌸 紹介したい人についての背景情報や共通点などがあればそれらも含めるといい。

| 私の家族を紹介させてください。 | Let me introduce my family. |
|---|---|

🌸 "Let me introduce 〜 " は、自分の知り合いを相手に紹介したいときに使えるとても自然なフレーズ。

| 妻の奈津子です。 | This is my wife Natsuko. |
|---|---|

| 左側にいる女の子が私の娘です。 | The girl on the left is my daughter. |
|---|---|

| | |
|---|---|
| どうやって知り合ったのですか？ | **How do you know each other?** |
| | 🌸 カップルや夫婦に出会いについてたずねる場合は "How did you two meet?" |
| 大学時代からの友達です。 | **We are friends from college.** |
| | ≡ We used to hang out together.（大学の友達なの。私たちよく一緒に遊んだんですよ） |
| もう20年来の友人です。 | **We have been friends for 20 years.** |
| | 🌸 have been friends for ～ years =「～年も前から今に至るまでずっと継続している友情関係」を表している。 |
| 沢木さんにはもう会いましたか？ | **Have you met Ms. Sawaki?** |
| | ⇐ No, not yet.（いいえ、まだです） |
| | 🌸 Have you met ～? =「～に会ったことは？」 |
| 紹介して頂けますか？ | **Would you introduce me to him?** |
| | 🌸 Would you introduce ～? =「～に紹介してもらえますか？」 |
| 上司の沢木をご紹介します。 | **I'd like to introduce my boss Mr. Sawaki.** |
| | 🌸 May I introduce ～? =「～を紹介してもよろしいですか？」 |

22

Chapter 1
Greeting
・
Self-introduction

# 身の回りのことについて話す

## ☞ 出身地について話す

| | |
|---|---|
| ご出身はどちらですか？ | **Where are you from?**<br>🌿 故郷をたずねる場合は "Where is your hometown?" と表現する。 |
| 横浜出身です。 | **I'm from Yokohama.**<br>⇒ Yokohama is the capital of Kanagawa prefecture.（横浜は神奈川県の県庁所在地です）<br>🌿 prefectural capital =「県庁所在地」 |
| どこにありますか？ | **Where is it located?** |
| 神奈川県は東京の南にあります。 | **Kanagawa prefecture is located south of Tokyo.**<br>🌿 be located ～＝「～に位置する」「～にある」 |
| 何が有名ですか？ | **What is it famous for?**<br>⇐ It's famous for Yokohama's Chinatown.（横浜中華街で有名です）<br>🌿 famous for ～＝「～で有名」 |
| フロリダはどんなところですか？ | **What kind of a place is Florida?**<br>🌿 What kind of a place is ～？＝「～はどんなところですか？」 |
| ディズニーリゾートがあるところですよね？ | **Walt Disney World Resort is in Florida, right?**<br>🌿 "～, right?" は「～ですよね？」と答えを知っているつもりだが確認したいときに使う。 |
| 友達がとてもいい場所だと言っていました。 | **My friend told me that it's a wonderful place.** |

23

| | |
|---|---|
| 私もいつか訪れてみたいです。 | **I want to visit there someday.** |
| ニューヨークには行ったことがあります。 | **I've been to New York.** |
| とてもいいところでした。 | **It was a wonderful place.** |
| また行ってみたいです。 | **I want to visit there again.** |
| どちらにお住まいですか？ | **Where do you live?** |
| | ≡ Do you live nearby?（ご自宅はこの近くですか？）<br>🌸 初対面で "Where do you live?" と聞きにくい場合でも、これなら間接的に質問できる。 |
| 浅草はとてもにぎやかですよ。 | **Asakusa is very lively.** |
| | 🌸 場所を紹介するときに "lively" を用いると、活気があり、楽しい雰囲気であることを伝えることができる。 |
| そこで育ったのですか？ | **Did you grow up there?** |
| 長崎生まれの兵庫育ちです。 | **I was born in Nagasaki and raised in Hyogo.** |
| | ≡ I was born and raised in Texas.（テキサスで生まれ育ちました）<br>🌸 born in 〜＝「〜生まれ」。raised in 〜＝「〜育ち」 |
| 故郷を離れたのはいつですか？ | **When did you leave your hometown?** |

| 大学を卒業してからは、ずっと大阪に住んでいます。 | I've been in Osaka since I graduated from college. |
|---|---|

## ✏ 家族について話す

| ご家族は何人ですか？ | **How many people are there in your family?** |
|---|---|
| 夫と息子と娘がいます。 | **I have a husband, a son, and a daughter.** |
| 12歳の息子がいます。 | **I have a 12-year-old son.** |

 ❀ "12 **years** old" と複数形にするのは間違い。数字を形容詞として使う場合は複数形にはならず、書くときはハイフンを使う。

 ≣ My daughter is 1 year and 4 months old now.（娘はいま1歳4ヶ月なの）

| ご兄弟は？ | **Do you have any brothers or sisters?** |
|---|---|
| 弟が一人東京にいます。 | **I have a younger brother in Tokyo.** |

 ❀ older brother [sister] =「兄 [姉]」。younger brother [sister] =「弟 [妹]」

| 一人っ子なんです。 | **I'm an only child.** |
|---|---|

 ≣ I don't have any brothers [sisters].（兄弟 [姉妹] はいません）

| 私と姉は性格が全く違うんです。 | **My sister and I have very different personalities.** |
|---|---|
| | ⇨ My sister is very talkative but I'm not. （姉はとてもおしゃべりだけど私は違います）<br>🐾 talkative =「おしゃべり」 |
| お兄さんはどんな人ですか？ | **What is your brother like?** |
| 気さくで頼れる人です。 | **He is friendly and trustworthy.**<br>🐾 trustworthy =「正直で頼れる」 |

## ■ ■ ■ 業種や職種

● 業種 type of industry

| | |
|---|---|
| 銀行<br>bank | 証券会社<br>securities company |
| 建設会社<br>construction company | 不動産会社<br>real estate company |
| IT 企業<br>IT company/Information Technology | 保険会社<br>insurance company |
| 携帯電話販売店<br>mobile phone retailer | 人材派遣業<br>temporary employment agency |
| 広告代理店<br>advertising agency | 出版社<br>publishing company |
| 印刷会社<br>printing company | 自動車販売店<br>car dealership |
| 食品会社<br>food company | 製薬会社<br>pharmaceutical company |
| 化粧品会社<br>cosmetic company | 百貨店<br>department store |
| 家電量販店<br>electronics store | ホームセンター<br>home improvement store |
| スポーツ用品店<br>sporting goods store | カー用品店<br>automotive accessory store |

# 🖊 仕事について話す

| ご職業は何ですか？ | **What do you do?** |
|---|---|
| | 🌿「（職業として）何をされているんですか？」とたずねる一番自然なフレーズ。 |

| どんな種類のお仕事をされているのですか？ | **What type of work do you do?** |
|---|---|
| | 🌿 "What's your job?"（仕事は？）はストレートすぎるので好まれない。 |

| ウェブデザインの会社に勤めています。 | **I work for a web design company.** |
|---|---|
| | 🌿 work for ～ =「～に勤めている」 |

| インテリア店<br>interior shop | 雑貨店<br>variety store | アパレル<br>apparel company |
|---|---|---|
| 飲食店<br>restaurant | カフェ<br>coffee shop | 旅行代理店<br>travel agency |
| ホテル<br>hotel | レジャー施設<br>leisure facility | スポーツクラブ<br>health club |

● 職種 type of work

| 会社員<br>business person | 公務員<br>public servant | 自営業<br>self-employed |
|---|---|---|
| 派遣社員<br>temporary worker | 経営者<br>manager | 医師<br>doctor |
| 弁護士<br>lawyer | 会計士<br>accountant | 税理士<br>tax accountant |
| 教師<br>teacher | 保育士<br>child care worker | システムエンジニア<br>systems engineer |
| デザイナー<br>designer | 介護士<br>caregiver | 警備員<br>security guard |
| 薬剤師<br>pharmacist | 美容師<br>beautician | ドライバー<br>driver |
| 建築作業員<br>construction worker | 大工<br>carpenter | |

| | |
|---|---|
| マーケティングをしています。 | **I'm in marketing.** |
| | 📝 部署を答える場合はシンプルに "I'm in ~ " で OK。<br>≡ I'm in sales.（営業部です） |
| ✓ 技師です。 | **I'm an engineer.** |
| 顧客サービス担当です。 | **I'm in charge of customer services.** |
| | 📝 in charge of ~＝「~担当」「~の責任者」 |
| 派遣スタッフとして経理の仕事をしています。 | **I work in the accounting department as a temporary worker.** |
| 病院の受け付けとして働いています。 | **I work as a hospital receptionist.** |
| 家庭教師のアルバイトをしています。 | **I'm a part-time tutor.** |
| フリーのイラストレーターです。 | **I am a freelance illustrator.** |
| 専業主婦です。 | **I'm a housewife.** |
| 求職中なんです。 | **I'm looking for a job.** |
| ✓ そのお仕事につかれたきっかけはなんですか？ | **How did you get into that job?** |
| | 📝 仕事を始めた経緯をたずねることができる。 |
| どうしてデザイナーになられたのですか？ | **Why did you become a designer?** |

28

| 子どもの頃からの夢だったんです。 | **It was my childhood dream.** |
|---|---|

| デザインが好きだからです。 | **Because I like to design things.** |
|---|---|
| | ≡ Because I love to create things. (もの作りが好きだからです) |

| 父の仕事を引き継ぎました。 | **I took over my father's business.** |
|---|---|
| | 🌸 take over ~ 's business =「~の仕事を引き継ぐ」 |

| その仕事を始めてどのくらいですか？ | **How long have you been doing that job?** |
|---|---|
| | ⇨ How long have you been a teacher? (教師のお仕事はどれくらいされていますか？) |
| | ⇦ Almost 5 years. (もうすぐ5年になります) |

| お仕事はどうですか？ | **How do you like your job?** |
|---|---|

| とてもやりがいのある仕事だと思います。 | **It's challenging but rewarding.** |
|---|---|
| | 🌸 満足感を得たり、やりがいがあると感じたときにぴったりの表現。 |

| 残業が多いですね。 | **I often work overtime.** |
|---|---|
| | 🌸 overtime =「残業」 |

| 家庭と仕事の両立は難しいですね。 | **It's difficult to balance family life and work.** |
|---|---|
| | 🌸 balance family life and work =「家庭と仕事の両立」 |

## 🖊 学校について話す

| ✓ 何年生ですか？ | **Which grade are you in?** |
|---|---|

| 大学生3年です。 | **I'm a junior in college.** |
|---|---|
| | 🌸 アメリカの高校と大学の学年はそれぞれ「1年生= freshman」「2年生= sophomores」「3年生= junior」「4年生= senior」という表現をする。 |

| ✓ 専攻はなんですか？ | **What is your major?** |
|---|---|

| 経済学を専攻しています。 | **I'm majoring in economics.** |
|---|---|
| | 🖋 major in = 「専攻する」<br>≡ I majored in economics.（経済学を専攻しました） |

| 経理を勉強しようと思ったのはどうして？ | **Why did you decide to study accounting?** |
|---|---|
| | 🖋 "Why did you decide to 〜 " は何かをしようと決めた理由をたずねるときに便利なフレーズ。 |

| 教授のすすめです。 | **My professor recommended it to me.** |
|---|---|
| | 🖋 recommend A to B = 「A を B にすすめる」。「〜することをすすめる」と言う場合は "recommend 〜 ing" を使う。 |

| 慶應大学に行きました。 | **I went to Keio University.** |
|---|---|
| | ⇐ Where did you go to college?（大学はどちらに行かれたんですか？）<br>⇒ I went to Keio University.（慶應大学に行きました） |

| ABC大学で英文学の学位を取りました。 | **I got my degree in English Literature from ABC University.** |
|---|---|
| | 🖋 "degree" は大卒・大学院卒を問わず「学位」を表す。 |

| 留学を考えています。 | **I'm thinking about studying abroad.** |
|---|---|
| | ⇐ That'll be a great experience.（とても素晴らしい経験になると思うよ）<br>🖋 studying abroad = 「海外留学」 |

## Chapter 2

# 気持ちや考えを伝える

Expressing feelings and thoughts

# イエスやノーの気持ちを伝える

## ✍ 「イエス」の気持ちを伝える

| | |
|---|---|
| はい。 | **Yes.** |
| うん。 | **Yeah.** |
| | 🌿 "Yes" のくだけた表現で「喜びや興奮を表す」「返事を考えているとき」など、状況に応じてイントネーションを変えると意味の伝わり方も変わる。 |
| もちろん。 | **Sure.** |
| | ⬅ Can you give me a hand?（ちょっと手伝ってくれる？）<br>➡ Sure.（もちろん） |
| もちろんだよ！ | **Of course!** |
| | 🌿 相手の意見に対して、「当然」「当たり前」というニュアンスが含まれる。 |
| 喜んで。 | **I'd love to.** |
| 承知しました。 | **Certainly.** |
| | 🌿 フォーマルな返答のしかたで、お客さんや目上の人に対して使う。 |
| いいよ。 | **Okay.** |
| わかった。 | **I've got it.** |
| | 🌿 相手が言ったことを理解できたときに使うカジュアルなフレーズ。 |
| 了解です。 | **You've got it.** |
| | 🌿 相手からの頼みごとや依頼を承諾するときに使うフレーズ。 |

| 了解。 | **All right.** |
|---|---|
| | 🐾 何かに同意するときに使う。"That's all right." は「大丈夫だよ」や「気にしないで」という返事になる。 |
| とってもいいよ！ | **I think it's great!** |
| そうしよう。 | **Let's do it.** |
| いいよ。 | **No problem.** |
| | 🐾 相手に恐縮させずに依頼を受ける場合などに使う。 |

## ☑️ 相手の意見に賛成する

| 私もそう思う。 | **I think so, too.** |
|---|---|
| そうですね。 | **Right.** |
| | 🐾 相手の言ったことに対して「正しい」と、肯定の気持ちを表す。 |
| | ≡ You were right.（あなたは正しいかったわ） |
| 賛成です。 | **I agree** (with you). |
| | 🐾 agree ＝「同意する」「賛成する」。 |
| 私も同感です。 | **I'm with you.** |
| | 🐾 「同意見」「賛成」という立場を表す。 |
| それはもっともだと思うわ。 | **That sounds reasonable.** |
| | 🐾 reasonable ＝「手頃な」「妥当な」 |
| | ≡ That's a reasonable suggestion.（それは当を得た提案だね） |

## ☑「ノー」の気持ちを伝える

| いいえ | **No.** |
| --- | --- |
| いいえ、結構です。 | **No, thank you.** |
| | ≡ No, I'm good.（いえ、大丈夫です） |
| ありがとう、でも遠慮しておきます。 | **Thanks, but I'm okay.** |
| 正直に言うと、あまり……。 | **Not really, to be honest...** |
| | ⇐ Do you like horror movies?（ホラー映画は好き？） |
| | ⇒ Not really, to be honest.（正直、あまり得意じゃないんだよね） |
| 残念ですが、できそうにありません。 | **I'm sorry, but I can't.** |
| | ≡ I wish I could.（そうできたらいいんだけど） |
| 嫌いです。 | **I don't like it.** |
| | ✏ 「あまり好きではありません」と丁寧に言いたい場合は "I don't like it very much. not ~ very" で、「あまり〜ない」と否定の意味を和らげられる。 |
| 絶対ダメです。 | **Absolutely not.** |
| | ⇐ Let's ditch school today.（今日学校サボっちゃおうよ） |
| | ⇒ Absolutely not! I have an important exam.（絶対ダメ！ 大切な試験があるんだから） |
| | ✏ "ditch" は「すっぽかす」という意味のとてもカジュアルな表現。 |
| たぶん違うと思います。 | **That might be wrong.** |
| それは違います。 | **It's not correct.** |
| まったく違います！ | **That's wrong!** |
| それは逆です。 | **It's the other way around.** |
| やめたほうがいいと思います。 | **I think you had better not do that.** |

## ✍ 相手の意見に反対する

| | | |
|---|---|---|
| ✓ | そうは思いません。 | **I don't think so.** |

🐿 相手の意見に賛成できない場合に使われる。何かに誘われたときに「それはちょっと」とやんわりと断りたいときに使える。

| | | |
|---|---|---|
| ✓ | 私は反対です。 | **I'm against it.** |

🐿 against =「反対する」

どのような理由で反対なのですか？ **For what reason do you oppose it?**

🐿 oppose =「反対する」

それはいい考えとは思えません。 **I don't think it's a good idea.**

彼の意見には反対です。 **I disagree with his opinion.**

🐿 disagree =「異議がある」「意見が一致しない」

あなたは間違っています。 **You are wrong.**

🐿 この表現はあくまでも相手の意見や考え方について「それは間違っている」と反対していることを表す。

それは問題外です！ **That's out of the question!**

≡ You are missing the point. (論点がずれていますよ)

# お礼を言う・おわびを言う

## ✍ お礼を言う

| | |
|---|---|
| ありがとう！ | **Thank you!** |
| | 🌿 "Thanks." はよりカジュアルで、フレンドリーな表現。 |
| どうもありがとう。 | **Thanks a lot.** |
| いろいろとありがとう。 | **Thank you for everything.** |
| ご親切に感謝します。 | **I appreciate your kindness.** |
| アドバイスに感謝しています。 | **Thank you for your advice.** |
| | 🌿 "Thank you for 〜 " は「〜をありがとう」と具体的に感謝したいことを含める。 |
| いつも話を聞いてくれてありがとう。 | **Thank you for being a good listener.** |
| | ≡ Thank you for listening.（聞いてくれてありがとう） |
| おかげで助かりました。 | **It was a great help.** |
| あなたのおかげです。 | **I couldn't have done it without you.** |
| | 🌿 直訳すると「あなたの助けがなければできなかった」＝「あなたのおかげです」。 |
| 感謝してもしきれません。 | **I can't thank you enough.** |
| 借りができたね。 | **I owe you one.** |
| ジムにプレゼントのお礼を伝えておいてね。 | **Please thank Jim for the present.** |
| | 🌿 間接的にお礼を伝えてもらう場合は、"please thank 〜 " となる。 |

## ✐ お礼に応える

| | |
|---|---|
| ✔ どういたしまして。 | **You're welcome.** |
| | 🕊 「あなたの力になれるなら大歓迎です」というニュアンスを持つ。丁寧な印象を与える一方で、ちょっとしたことへの返答には少し大げさに聞こえる。 |
| ✔ いいえ、気にしないで。 | **No problem.** |
| | 🕊 道を聞かれたり、ちょっとした感謝の返答に使う万能フレーズ。 |
| いいのよ。 | **It's okay.** |
| | 🕊 カジュアルな表現で、「大丈夫よ」「いいの、いいの」といったニュアンス。 |
| もちろん。 | **Sure.** |
| | 🕊 感謝されたことに対して、「そんなの当然だよ」「当たり前のことをしたまで」というニュアンスを伝える、フレンドリーな返し方。 |
| お礼には及びません。 | **It was nothing.** |
| | ⇐ Thanks so much for looking after my baby.(子守りをしてもらって助かったわ) |
| | ⇒ It was nothing. I enjoyed it. (お礼なんて。私こそ楽しかったわ) |
| | ≡ Don't mention it. (どういたしまして) |
| いつでもどうぞ。 | **Anytime.** |
| | ⇐ Thank you for helping me with my job. (仕事を手伝ってくれてありがとう) |
| | ⇒ Sure, anytime. (またいつでもどうぞ) |
| お役に立ててうれしいです。 | **My pleasure.** |
| | 🕊 "pleasure" には「喜び」「光栄」という意味があるため、何かの働きに対して感謝されたときに使う。丁寧でビジネスシーンでも使われる。 |
| こちらこそありがとう。 | **Thank you.** |
| | 🕊 「こちらこそ」と言いたいときは、"you" を強調して発音する。 |

| 気に入ってもらえて<br>うれしいわ。 | **I'm glad you like it.** |
|---|---|

⇐ Hey mom, I love this present, thank you! (マ<br>マ、このプレゼント最高だよ。ありがとう！)<br>⇒ I'm glad you like it.(気に入ってもらえてうれしいわ)

---

## ☑ おわびを言う

| 本当にごめんなさい。 | **I'm so sorry.** |
|---|---|

🌼 "I'm" を省略した "Sorry."(ごめんね)は、よりカジュ<br>アルな表現としてよく使われる。

| すみません。 | **Excuse me.** |
|---|---|

🌼 誰かにぶつかったときや大きなくしゃみをした場合<br>など、さほど深刻でない事柄に「失礼しました」と<br>伝えるときに使う。

| 遅れてしまい、申し<br>訳ありません。 | **I'm sorry for being late.** |
|---|---|

🌼 "sorry for 〜 ing" は、自分のしてしまった行為に<br>対して謝罪を伝える表現。

| ごめんね。言いすぎ<br>ました。 | **Sorry, I was out of line.** |
|---|---|

🌼 "out of line" は「してもいいこと」や「悪いこと」<br>のラインを超えてしまったという意味で、言いす<br>ぎ、やりすぎを表す。<br>≡ I'm sorry, I said too much.（ごめん、言いすぎた）

| 私のせいです。 | **It's my fault.** |
|---|---|

🌼 自分に落ち度があり「私の責任です」と認めている<br>ことを表す。反対に "It's not my fault."（私のせい<br>ではありません）も、誤解を正す場合にはっきりと<br>主張したい。

| あなたに謝らないといけません。 | I need to apologize to you. |
|---|---|

| お手数をおかけしてすみません。 | I'm sorry to bother you. |
|---|---|

🌱 bother =「(迷惑をかけて)相手を煩わせる」

| 悪気があったわけじゃないの。 | I didn't mean it. |
|---|---|

≣ I didn't mean to say that.(そんなことを言ったつもりではありませんでした)

| すみませんでした。今後は気をつけます。 | I'm sorry. It won't happen again. |
|---|---|

## ☑ おわびに応える

| いいんですよ。 | That's all right. |
|---|---|

⇐ I'm sorry, but I can't make it tonight.(すみません、今夜は行けそうにないんです)
⇒ That's all right.(いいんですよ)

| 大したことではありませんよ。 | It's not a big deal. |
|---|---|

≣ It doesn't matter.(大丈夫ですよ)

| あなたのせいではありませんよ。 | It's not your fault. |
|---|---|

| 心配しないでください。 | Don't worry about it. |
|---|---|

| 謝ることはありませんよ。 | You don't need to be sorry. |
|---|---|

🌱 相手が気にしすぎているように思えるときにかける、「あなたは悪くないよ」という表現。

| もういいですよ。 | I accept your apology. |
|---|---|

🌱「お気持ちはわかりました」というニュアンス。

| 水に流しましょう。 | Forgive and forget. |
|---|---|

| 今さら遅いです。 | It's too late now. |
|---|---|

| 謝って済むことではありません。 | It's not enough just to apologize. |
|---|---|

Chapter 2
Expressing feelings and thoughts

# 返事をする

## あいづちをうつ

| | |
|---|---|
| なるほどね。 | **I see.** |
| ええ。 | **Uh-huh.** |
| うん。 | **Yeah.** |
| そうだね。 | **Oh, I know.**<br>ほどよいイントネーションで言わないと、「そのぐらい知ってるよ」のように聞こえてしまうことがあるので注意。 |
| それはすごいね！ | **That's cool!**<br>= That's interesting.（それは面白いね） |
| 本当に？ | **Really?** |
| うそでしょ！ | **You must be kidding!**<br>= Are you joking?（冗談でしょ？）<br>強めの口調で言うと「ふざけてるの？」とムッとしているように聞こえるので注意。 |
| それは初耳です。 | **That's new to me.**<br>= I didn't know that.（知らなかった） |
| わかるわ。 | **I know what you mean.**<br>「言いたいことはわかりますよ」と相手の気持ちをくみ取っていることを伝える。 |
| それはよかったね！ | **That's good for you!**<br>⇨ You won the game today? That's good for you!（今日の試合に勝ったの？　それはよかったね！） |

## ✍ あいまいに答える

| | |
|---|---|
| ✓ たぶんね。 | **Maybe.** |

> 💬 不確かなときに「たぶん」というニュアンスで使う。実現する可能性に応じて "Proably."（おそらくそうだね）、"Perhaps."（もしかしたらね）も使い分けることができる。

| | |
|---|---|
| 場合によります。 | **It depends.** |

> ⇐ Are you going to take the job?（その仕事を引き受けるつもりですか？）
> ⇒ It depends on whether I get a better offer.（場合によるけど、条件次第かな）

| | |
|---|---|
| うーん、どうでしょう。 | **I really don't know.** |

> 💬 「本当にわからない」「まったく知らない」とはっきり否定する場合にも使われるが、答えをはぐらかすように、あいまいに応えたいときにも使える。
> ≡ I'm not sure.（はっきりとはわからないな）

| | |
|---|---|
| まあ、そんなところです。 | **That's about it.** |
| あなたの言うとおりかもしれません。 | **You may be right.** |
| どちらとも言えませんね。 | **Yes and no.** |

| 覚えていません。 | **I don't remember.** |
|---|---|

⇐ Did you eat the last cake?(最後に残ってたケーキ食べたでしょ?)
⇒ I don't remember. (覚えてないな)

| どちらでもいいです。 | **It doesn't matter.** |
|---|---|

≡ I don't care. (なんでもいいよ)

🕊 明るい口調で言えばポジティブだが、ぶっきらぼうな言い方をすると「どうでもいいよ」と伝わってしまう。

| そうでもありません。 | **Not really.** |
|---|---|

## 📑 返事を保留する

| ✓ ちょっと考えさせて。 | **Let me think about that.** |
|---|---|

| それはいい質問だね。 | **That's a good question.** |
|---|---|

🕊 「いい質問」とは「答えにくい質問」のこと。返答に困るような場合の時間稼ぎに使ったり、「わからないなぁ」と言うニュアンスを伝える。

| 今すぐには決められません。 | **I can't decide it now.** |
|---|---|

| ✓ とりあえず保留にしてください。 | **Please. Put it on hold for now.** |
|---|---|

🕊 put ~ on hold =「~を保留する」「~を持ちこす」

| 今ははっきりしたことは言えません。 | **I can't say anything definite now.** |
|---|---|

🕊 definite =「はっきりした」

| 私に言えることではありません。 | **It's not up to me to say.** |
|---|---|

| 冷静になってよく考えたいと思います。 | **I need to calm down and think it over.** |
|---|---|

🕊 calm down =「冷静になる」

## Chapter 2
### Expressing feelings and thoughts

# 聞き返す・話題を変える

## 📝 会話の内容を聞き返す

| | |
|---|---|
| ✓ すみません、なんと言いましたか？ | **I'm sorry, what did you say?** |
| ごめんなさい。聞き取れませんでした。 | **Sorry, I didn't catch that.** |
| ✓ もう一度言っていただけますか？ | **Could you say that again?** |
| もう少しゆっくり話していただけますか？ | **Could you speak slower, please?** |

| 何を買いたいって？ | **You want to buy what?** |
|---|---|

⇐ I really want to buy Magnolia Bakery's cupcakes!（マグノリアベーカリーカップケーキが買いたいわ）
⇒ You want to buy what?（何を買いたいって？）

| どこへですか？ | **To where?** |
|---|---|

⇐ We need to get to Asakusa by 10 o'clock. （10時までに浅草に行かないといけないよ）
⇒ To where?（どこにだって？）

| 誰にですか？ | **To whom?** |
|---|---|

⇐ Could you give this to Masa？（これをマサに渡してくれる？）
⇒ To whom?（誰にだって？）

| いつまでにですか？ | **By when?** |
|---|---|

⇐ We need to cancel the reservation by tomorrow morning.（明日の朝までに予約をキャンセルしないと）
⇒ By when?（いつまでだって？）

## 会話の内容を確認する

| | |
|---|---|
| 確認させてください。 | **Let me check.** |

⇐ Hey, can you come to the party this Friday?
（ねえ、今度の金曜日のパーティー来られる？）
⇒ Let me check my schedule first. ( 先 に ス ケ
ジュールを確認してみるね)

| | |
|---|---|
| どういう意味ですか？ | **What do you mean?** |

🌸 文字通り言葉の意味をたずねる使い方の他に、「そ
れはどういうつもり？」と怒っているように聞こえ
る場合があるため、言い方には注意が必要。

| | |
|---|---|
| それは確かですか？ | **Are you sure about that?** |
| 意味がわかりますか？ | **Does it make sense?** |

⇐ Yes, it makes sense to me. (はい、よくわかり
ますよ)

| | |
|---|---|
| 何か他にできること<br>がありますか？ | **Can I do anything else for you?** |

## 話をうながす

| | |
|---|---|
| 旅行はどうでした？ | **How was your trip?** |

🌸 How was ～ ? =「～はどうだった？」。相手に感
想を聞きたいときのお決まりフレーズ。

| | |
|---|---|
| 詳しく教えてよ。 | **Give me the details.** |

🌸 detail =「詳細」
⇐ I went out with Alex last week. (先週、アレッ
クスと出かけたの)
⇒ How was it? Give me the details. (どうだっ
た？　詳しく教えてよ)

| | |
|---|---|
| その後、どうなった<br>の？ | **What happened next?** |
| 続けてください。 | **Go on.** |

聞くから話してみて。 **I'm all ears.**

> 🐾 相手の話しを、きちんと聞く意思があることを伝える表現。
> ⇐ I have something to tell you. (話したいことがあるの)
> ⇒ Okay, I'm all ears. (いいよ、話してみて)

## ☑ 話題を変える

| | |
|---|---|
| ところで、ベスにはメールしたの？ | **By the way, did you text Beth?** |

> ⇐ Oh, thanks for reminding me. (そうだった、思い出させてくれてありがとう)

締め切りと言えば、今日残業できる？ **Speaking of the deadline, can you work overtime today?**

> 🐾 speaking of 〜 = 「〜と言えば」。「あることをきっかけに話したいことを思い出した」という場面でスムーズに話題を変えることができる。

ねえ、聞いて。 **You know what?**

> 🐾 会話を切り出すときに相手の注意を引くためのお役立ちフレーズ。「ねえ知ってる？」と相手を驚かせるようなニュースを伝えるときにもピッタリ。

忘れないうちに言っておくけど、マイクの引越しは水曜日だって。 **Before I forget, Mike moves on Wednesday.**

> 🐾 before I forget ―「忘れないうちに」

# お願いする・考えを伝える

## 📝 依頼する・引き受ける

| | |
|---|---|
| お願いがあるのですが。 | **Will you do me a favor?**<br>⇐ What is it?（何？） |
| 折り入ってお願いしたいことがあるのですが。 | **Can I ask you a special favor?** |
| 手伝ってもらえる？ | **Can you give me a hand?**<br>⇐ Of course. What can I do for you?（もちろん。何をしたらいい？）<br>⇐ Sorry, I can't.（ごめん、ちょっと無理） |
| ダニエラに通訳をお願いするつもりです。 | **I will ask Daniela to interpret.**<br>🖋 ask 人 to ～=「誰かに～するよう頼む」。interpret =「通訳する」 |
| これを修理することはできますか？ | **Is it possible to fix this?**<br>🖋 Is it possible to ～?＝「～することは可能ですか？」。fix =「修理する」 |
| この手紙を英訳してもらえますか？ | **Can you translate this letter into English?**<br>🖋 Can you ～=「～してもらえますか？」。相手ができることについて、それをしてもらえるかどうか都合をたずねる依頼表現。 |
| やってあげたいんだけど、今はできません。 | **I'd love to, but I can't do it now.** |

46

| | |
|---|---|
| ✓ 牛乳を買ってきてくれない？ | **Will you go and get some milk?**<br><br>🍃 "Will you ~ ?" は「～してくれますか？」と相手の意思をたずねる依頼表現。場合によっては命令のように聞こえるので注意。 |
| いいよ。他に何か必要なものはある？ | **Okay. Do you need anything else?** |
| 駅に迎えに来ていただけませんか？ | **Would you mind picking me up at the station?**<br><br>🍃 "Would you mind ~ ing?" は「～していただけませんか？」と遠回しにお願いする表現。丁寧な依頼のフレーズ。 |
| 彼女に折り返すようお伝えいただけますか？ | **Could you tell her to call me back?**<br><br>🍃 Could you (possibly) ~ ? =「（よろしければ）～していただけますか？」。"Will you ~ " や "Can you ~ " より丁寧な依頼のフレーズ。 |
| もしよろしければ会議に参加していただけますか？ | **I was wondering if you could participate in the meeting?**<br><br>🍃 I was wonderign if you could ~ ? =「もしよろしければ～していただけますか？」。これは相手に対する配慮を示した依頼の表現。 |
| あなたの助けが必要なの。 | **I need your help.** |
| お願いだから「うん」と言って！ | **Please say "yes"!** |
| また今度ね。 | **Maybe next time.** |
| 遠慮しないで、いつでも言ってくださいね。 | **Don't hesitate to ask me any time.**<br><br>🍃 hesitate =「ためらう」「躊躇する」 |
| 任せてください。 | **Leave it to me.**<br><br>🍃 "leave" には「任せる」「頼む」という意味がある。 |

気持ちや考えを伝える ─ お願いする・考えを伝える ─

## ✒️ 許可を求める・許可する

| 明日はお休みをいただきたいのですが。 | **I'd like to take a day off tomorrow.** |

---

**これをもらってもいいですか？**

**Can I have this?**

> 🌱 "Can I ～ ?" は許可を求めるカジュアルな表現。堅苦しくなく、フレンドリーな雰囲気を感じさせるため、友人同士では "can" が好まれる。

---

| （スマホを）充電させていただけますか？ | **Could I charge my phone?** |

> 🌱 "Could I ～ ?" は can よりも丁寧な表現。

---

**お手洗いをお借りしてもいいですか？**

**May I use the restroom?**

> 🌱 "May I ～ ?" は「～してもよろしいですか？」と立場が上の人に対して許可を求める表現。

---

| ここでタバコを吸っても構いませんか？ | **Do you mind if I smoke here?** |

> 🌱 "Do you mind ～ ?" は、直訳すると「あなたは気にしますか？」という意味。よければ "No"、して欲しくない場合は "Sorry, but ～ " と言うと丁寧。
> 🔙 No, not at all. Go ahead.（構いませんよ。どうぞ）
> 🔙 Sorry, but I'd rather you didn't.（すみませんがやめてください）

---

## ✒️ 希望する

| ロサンゼルスに行きたいわ。 | **I want to go to Los Angeles.** |

> 🌱 want to ～ =「～したい」。ストレートに自分の希望を述べる表現。

---

| 日程を変更したいのですが。 | **I'd like to change the date.** |

> 🌱 I'd like to ～ =「～したいのですが」
> ≡ I'd like to cancel the reservation.（予約をキャンセルしたいのですが）

---

| 禁煙席にしてもらえますか？ | **Can we have a table in the Non-smoking section?** |

| 自分のお店を持ちたいと思っています。 | **I hope to have my own shop.** |
|---|---|

🌸 "I hope" は実現できそうなことに対する希望や願望を述べるときに使う表現。

| デイビッドもパーティーに来られるといいね。 | **I hope David can come to the party.** |
|---|---|

◀ I hope so. (そうだといいね。)

| 私もあなたと行ければいいのに。 | **I wish I could go with you.** |
|---|---|

🌸 I wish I could ～ =「～だったらいいのに」は、実現の可能性が低い希望や不可能なことへの願望を表す表現。

| 早く週末にならないかなぁ。 | **I can't wait for the weekend.** |
|---|---|

## 🖊 考えを伝える・たずねる

| ✓ あなたはどう思う？ | **What do you think?** |
|---|---|
| ✓ あなたはどうですか？ | **How about you?** |

| 計画を変更する必要があると思います。 | **I think we need to change the plan.** |
|---|---|

🌸 I think ～ =「私は～と思います」。自分がはっきり持っている考えを伝えるときに、ストレートすぎず、柔らかい印象を与えられる。

気持ちや考えを伝える ─ お願いする・考えを伝える ─

49

| | |
|---|---|
| 個人的にはリオネル・メッシは最高のサッカー選手だよ。 | **In my opinion, Lionel Messi is the greatest soccer player ever.** |
| | 🌸 In my opinion ～ =「私の意見では～」。あくまでも主観的な意見であることを強調できる。 |
| 経験上、このプロジェクトにはもっと時間がかかると思います。 | **In my experience, this kind of project will take longer.** |
| | 🌸 In my experience =「私の経験上」 |
| 彼は何か知ってるんじゃないかな。 | **I guess he knows something about it.** |
| | 🌸 "guess" には推測の意味があるため、心のどこかで「彼は何も知らないかもしれない」というニュアンスが含まれるカジュアルな表現。 |
| 彼女の話は本当だと思う。 | **I believe her story is true.** |
| | 🌸 "believe" には「信じている」という意味からも強い確信が表される。 |
| あまり真剣に受け止めないでね。 | **Don't take me seriously.** |
| | 🌸 相手の受け取り方が和らぐように、意見を言う前置きとして加える。 |

## 📣 文句を言う・注意する・叱る

| | |
|---|---|
| クレームがあります。 | **I have a complaint to make.** |
| | 🌸 complaint =「苦情」「不満」 |
| 何が不満ですか？ | **What is your complaint?** |
| 文句ばかり言わないの。 | **Stop complaining.** |
| | ⇐ I'm not complaining. (文句を言ってるわけじゃないよ) |
| しっかりしなさい。 | **Get your act together.** |
| またなの！ | **Not again!** |
| ✓ もっと気をつけないといけません。 | **You have to be more careful.** |

Chapter 2
Expressing
feelings and
thoughts

# うれしさや感動を表現する

## うれしい・楽しい

**とてもうれしいです。** **I'm so happy.**

| やったー！ | **Hooray!** |

**よかったね、本当に うれしいよ！** **I'm really glad about that!**

≡ I'm really glad to hear that.（それが聞けて本当にうれしいわ！）

🌱 "happy" は自身の感じる強い喜びや幸福感を表すのに対し、"glad" は "happy" よりも控えめでうれしさや感謝の気持ちなども含まれる。

**最高！** **I'm happier than ever!**

**ワクワクする！** **I'm so excited!**

**待ちきれないよ！** **I can't wait!**

≡ I haven't seen him for 2 months. I can't wait!（彼に会うのは2ヶ月ぶりなの。待ちきれないわ！）

**夢がかなったみたい！** **It's a dream come true!**

**人生で最高の日だよ！** **This is the happiest day of my life!**

⇐ I've never seen you so happy before.（こんなに喜んでいるのを見るのは初めてだよ）

**楽しんでるよ！** **I'm really enjoying it!**

🌱 「まさに今、楽しんでいる」ということを伝えるフレーズ。

**うれしくてたまらないの！** **I'm full of joy!**

## 🔊 祝う

| 8歳のお誕生日おめでとう！ | **Happy 8th birthday!** |
|---|---|

🔊 「〇回目のお祝い」を表す場合は、"th" を使って "Happy ～ 〇 th ～ " のように誕生日や記念日を祝う。

| おめでとう！ | **Congratulations!** |
|---|---|

✓

🔊 "Congratulations" は「自らの力で成し遂げたこと」や「成功を祝うとき」に使う表現。最後に "s" を付けることを忘れずに。

| 結婚50年おめでとう！ | **Congratulations on your 50th wedding anniversary!** |
|---|---|

🔊 "Congratulations on your ～ " のあとには、「promotion（昇進）」「engagement（婚約）」「pregnancy（妊娠）」など、「～おめでとう！」とお祝いしたい言葉を入れる。

≡ Congratulations on your new baby!（ご出産おめでとう！）

🔊 wedding anniversary ＝「結婚記念日」

| 本当によかったね！ | **I'm so happy for you!** |
|---|---|

> 🌸 "You passed the examination!"（試験に合格したんだってね）という状況で、「相手が合格したことが私もうれしい」と表現するときに "I'm so happy for you!"（本当によかったね）のような言い方で気持ちを伝えられる。

| プレゼントがあるの。 | **I've got something for you.** |
|---|---|
| いつもありがとう。 | **Thank you for all your help.** |

> ≡ Thank you for always being there for me.（いつもそばにいてくれてありがとう）

| 素敵な一日を過ごしてね！ | **Have a great day!** |
|---|---|

## 🖋 感動を伝える

| わぁ、すごいね！ | **Wow, that's great!** |
|---|---|
| 素晴らしい！ | **Wonderful!** |
| 息をのむ素晴らしさです！ | **It's breathtaking!** |

> 🌸 "breathtaking" は文字通り「"breath"（息）を "taking"（取る）ほどに素晴らしい・美しい」という意味。

| こんなに美しい景色は初めて見ました。 | **I've never seen such a beautiful scenery before.** |
|---|---|
| 言葉も出ないわ。 | **I'm speechless.** |

> ⇐ How do you feel?（どんな気持ち？）
> ⇒ I'm speechless.（言葉も出ないわ）

| わぁ、これ素敵ね！ありがとう。 | **Wow, I love this! Thank you.** |
|---|---|

> ⇐ I know you've wanted this for a long time.（これ、ずっと欲しがっていたでしょ）

| 感動して泣いちゃった。 | **I was moved to tears.** |
|---|---|

> 🌸 "moved" は感動して「心が動かされた」という意味。
> ≡ I watched Les Miserables and I was moved to tears.（レ・ミゼラブル見て感動して泣いちゃった）

| あなたの言葉が心に響きました。 | **I was touched by what you said.** |
|---|---|
| | 🌱 "be touched 〜 " は、誰かの言葉や行動が「心に触れる」というニュアンスで感動を表す言葉。 |
| なんて優しいの！ | **How sweet of you!** |
| 感動しました。 | **That was impressive.** |
| | ≡ I'm very impressed by the performance.（あのパフォーマンスには感動しました。） |

## 🖋 驚きを表す

| ✓ わぁ、びっくりした！ | **What a surprise!** |
|---|---|
| 大変！ | **Oh my goodness!** |
| | ⇐ What happened?（どうしたの？） |
| もう、驚かさないでよ。 | **You scared me.** |
| | ⇐ Hey, are you there?（ねえ、そこにいるの？）<br>⇒ You scared me.（やだ、びっくりした！） |
| 今、なんて言ったの？ | **What did you say?** |
| | ⇐ Megan, will you marry me?（メーガン、結婚してください）<br>⇒ What did you say?（今、なんて言ったの？） |
| 信じられない！ | **Unbelievable!** |
| | ≡ I can't believe it!（信じられないわ！） |
| それはショックだわ。 | **That's really shocking.** |
| | 🌱 ネガティブな知らせを聞いて驚く場合に使う。<br>⇒ Nick got into an accident.（ニックが事故に遭ったんだって）<br>⇐ Oh, that's really shocking.（それはショックだわ） |

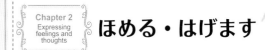

# ほめる・はげます

## 🖋 ほめる

| | |
|---|---|
| ✓ 本当によくやったね、うれしいわ。 | **I'm so proud of you.**<br>🐦 努力して成し遂げたことの対して、「すごいね！」「私もうれしい」と一緒に喜んでいる気持を伝えることができる。 |
| すごいじゃない！ | **That's great!** |
| よくやったね。 | **You did great!**<br>≡ Well done.（よくできました）<br>🐦 努力してできた成果をほめるときに使う。目上に人には使わない。 |
| がんばったね！ | **Wow, you did a good job!**<br>⇒ I got a perfect score on my test!（テスト100点だったよ！）<br>⇐ Wow, you did a good job!（がんばったね！） |
| 素晴らしい。 | **Amazing!**<br>🐦 "Great!" よりも強く、驚きも含んだ表現。<br>≡ Fantastic!（すごいですね！） |
| 前よりとてもよくなったね。 | **You're really improving.**<br>🐦 以前と比べてできるようになったことや、努力をほめる。 |

55

| とても魅力的だよ。 | **You look beautiful.** |
|---|---|

⇐ How do I look in this dress?（この服どうかしら？）
⇒ You look beautiful.（とても魅力的だよ）

| ネクタイが素敵だね。 | **I like your tie.** |
|---|---|

🌸 "I like your 〜 " は「〜が素敵だね」と気軽に使える、ほめ言葉の定番フレーズ。
≡ I like your new hair style.（新しいヘアスタイルいいね）

| お料理が上手ですね。 | **You are a good cook.** |
|---|---|

| あなたのプレゼンはとても参考になりました。 | **Your presentation was very informative.** |
|---|---|

🌸 informative =「有益な」。他にも "practical"（実際的な）、"interesting"（興味深い）などを用いて具体的にほめることができる。

| あのプロジェクトではいい仕事をしたね。 | **You did a great job on the project.** |
|---|---|

| 彼女はいつも周囲に気配りができる人です | **She is always attentive to everyone.** |
|---|---|

🌸 attentive =「気配りができる」

| 彼は有望な若者です。 | **He is a promising young man.** |
|---|---|

🌸 promising =「有望な」

| みんなあなたのことをほめていましたよ。 | **Everyone said good things about you.** |
|---|---|

## ✏ はげます

| 元気を出して！ | **Cheer up!** |
|---|---|

⇐ I think she doesn't like me anymore.（きっと彼女に嫌われちゃったんだよ）
⇒ Cheer up! She'll be fine soon.（元気を出して！彼女はすぐ機嫌がよくなるわ）

| | |
|---|---|
| できるって信じてるよ。 | **I know you can do it.** |
| | ≡ I'm sure you can do it.（きっとできるよ） |
| 大丈夫だよ。 | **It'll be fine.** |
| この調子で頑張ってね。 | **Keep up the good work.** |
| | ≡ Go for it!（その調子で頑張れ！） |
| とにかくやってごらん！ | **Just give it a try!** |
| | 💬 何かに躊躇している相手をはげますときに使う。 |
| 一生懸命に練習していたからね。 | **I know you've practiced really hard.** |
| | 💬 陰で払われた努力を認めてはげます表現。 |
| | ≡ You must have been working hard.（一生懸命やっていたんだよね） |
| 一緒に頑張ろう！ | **Let's do our best!** |
| | ≡ Good luck!（頑張れ！） |
| もう一回やってみよう。 | **Let's try again.** |
| 無理しないでね。 | **Take it easy.** |
| | ⇐ I have tons of things to do.（仕事が山積みなの） |
| | ⇒ Take it easy.（無理しないでね） |
| | 💬 tons of ～＝「たくさんの～」「大量の～」 |
| 努力は報われるよ。 | **Your efforts will be rewarded.** |
| あきらめないで！ | **Hang in there!** |
| また今度、がんばろう。 | **Better luck next time.** |
| 期待しているよ。 | **I'm counting on you.** |
| | 💬 信頼してかけるはげましの言葉で、相手のやる気を引き出すフレーズ。 |
| | ≡ I believe in you.（私はあなたのことを信じています） |

気持ちや考えを伝える ― ほめる・はげます ―

57

# 悲しみを表す・なぐさめる

## 📝 悲しみを表す

| | |
|---|---|
| ちょっと落ち込んでるだけ。 | **I'm feeling down.** |

🔖 feel down =「落ち込む」
📃 I'm feeling down about the job rejection letter.（不採用通知のことで落ち込んでいるの）

| | |
|---|---|
| 涙が止まらないの。 | **I can't stop crying.** |

⇐ Dry your tears.（涙をふいて）

| | |
|---|---|
| こんなに悲しいことってないよ。 | **I've never felt so sad in my life.** |

| | |
|---|---|
| 心にぽっかり穴があいたみたい。 | **I feel so empty inside.** |

⇐ What's wrong?（どうしたの？）
⇒ My dog died and I feel so empty inside.（イヌが死んじゃったの。心にぽっかり穴があいたみたい）

| | |
|---|---|
| 打ちのめされた気持ちだよ。 | **I felt devastated.** |

🔖 "devastated" は、「災害など大きな悲しみに打ちのめされてしまう」というニュアンス。

| | |
|---|---|
| もうダメだ。 | **I give up.** |

⇒ The stock plunged.There is nothing I can do.（株が暴落したんだ、仕方がないよ）

| | |
|---|---|
| もうどうだっていいの。 | **I don't care.** |

⇒ Kelly moved out.But I don't care.（ケリーが出て行ったの。でももうどうだっていいわ）
⇐ Oh, I'm sure you can fix it.（そんな、きっと解決できるよ）

## ✎ なぐさめる

| | |
|---|---|
| 今日は元気がないね。 | **You seem down today.** |

**それは残念でしたね。**    **I'm sorry to hear that.**

> 🌸 "sorry" には「ごめんなさい」という意味だけでなく、「お気の毒に」と相手に同情する気持ちを表す意味もある。
> 🌸 feel sorry for ~＝「～のことを気の毒に思う」

**気持ちはわかるよ。**    **I understand how you feel.**

**大丈夫、きっとうまくいくよ。**    **Don't worry. Everything will be all right.**

> ≡ Things will work out.（なんとかなるよ）

**誰だって完璧にはなれないよ。**    **No one is perfect.**

> ⇐ I made the same mistake again!（また同じミスをしちゃったよ！）
> ⇒ Well, no one is perfect.（まあ、誰だって完璧にはなれないよ）

**そんなに自分を責めないで。**    **Don't be so hard on yourself.**

> 🌸 be hard on ~＝「～につらくあたる」「～に厳しくする」。失敗して落ち込んでいたり、自分に対して厳しすぎる人にかけてあげる言葉。

**そばにいるからね。**    **I'll be right here.**

> ≡ I'll always be by your side.（私はいつでも、あなたの味方だからね）

**仕方ないよ。**    **It can't be helped.**

気持ちや考えを伝える ― 悲しみを表す・なぐさめる ―

# 怒りを伝える

## 📝 怒る・怖い

| | |
|---|---|
| 怒らせないで。 | **Don't make me angry.** |
| イライラする。 | **It's really annoying.**<br>≡ It's disgusting!（ムカつく！） |
| うるさい！ | **Shut up!** |
| だから何？ | **So what?**<br>⇐ I recently heard he has a new girlfriend.（彼、最近新しい彼女ができたらしいよ）<br>⇒ So what? I don't care.（だから何？　関係ないわ） |
| あなたには関係ないでしょ。 | **It's none of your business.** |
| もう我慢の限界だ。 | **I can't stand it any longer.**<br>🌸 I can't stand ～ =「～にもう我慢できない」 |
| 怖いの？ | **Are you scared?**<br>⇐ No, I'm not.（そんなことないよ） |
| 怖がらなくて大丈夫。 | **Don't be afraid.**<br>🌸 afraid =「恐れて」「怖がって」 |
| それは怖そう。 | **It's sounds scary.** |
| 死ぬほど怖かったよ。 | **I was scared to death.** |
| ゾッとするよ。 | **It's terrifying.**<br>🌸 "terrifying" は「強い恐怖感」を表す。 |

60

Chapter 3

# 道案内・乗り物での会話

Giving directions・Transportation

# 道をたずねる・説明する

## ☞ 道をたずねる・教える

| すみません、道を教えていただけますか？ | **Excuse me, could you give me directions?** |
|---|---|
| | 🖋 give directions ＝「行き方を教える」。"direction**s**" の "s" を忘れずに。 |
| 道に迷ったみたいです。 | **I think I'm lost.** |
| はい。どちらに行きますか？ | **Sure. Where are you going?** |
| 地下鉄の駅に行きたいのですが。🄰 | **I'd like to go to the subway station.** |
| セントラルパークへはどう行けばいいですか？🄱 | **How can I get to Central Park?** |
| | 🖋 How can I get to ～？＝「～へはどう行けばいいですか？」 |
| 8番街へ行くにはこの道で合っていますか？ | **Is this the right way to the 8th Avenue?** |
| すみません、一番近いATMはどこですか？ | **Excuse me, where is the closest ATM?** |
| この近くによいレストランはありますか？ | **Are there any nice restaurants around here?** |
| 「ウィタード」というお店の場所を知っていますか？ | **Do you know where "Whittard" is?** |
| | 🖋 Do you know where ～ is?＝「～はどこにあるか知っていますか？」 |
| ロイヤルホテルまで歩いて行けますか？ | **Can I walk to the Royal Hotel?** |
| | ⬅ Yes, you can walk from here.（ええ、ここから歩いて行けますよ） |

| | |
|---|---|
| ✓ ここからどのくらい遠いですか？ | **How far is it from here?** |
| タクシーで行ったほうがいいと思います。 | **A taxi would be better.**<br>≡ A taxi would be better. It's faster.（タクシーで行ったほうがいいと思います。そのほうが早いので） |
| 歩いてどのくらいですか？ | **How long does it take on foot?**<br>🌸 How long dose it take? =「どのくらいかかりますか？」。on foot =「歩いて」。by bus [taxi] =「バス［タクシー］で」 |
| けっこう歩きますよ。 | **It's a long walk.** |
| 地図［住所］を書いていただけませんか？ | **Could you draw me a map [write the address]?** |

---

**WORDBOOK**
**ワードブック**

**A**

地下鉄の駅　**subway station** ［米］
**underground train station** ［英］
**tube station** ［英］

駅
**station**

バス停
**bus stop**

タクシー乗り場
**taxi stand** ［米］
**taxi rank** ［英］

**B**

| | | |
|---|---|---|
| 公園<br>**park** | 海岸<br>**beach** | 博物館<br>**museum** |
| 美術館<br>**art museum** | 遊園地<br>**amusement park** | 劇場<br>**theater** |

## ✍ 道順を説明する

|  |  |
|---|---|
| この道をまっすぐ行ってください。 ✓ | **Go straight down this street.**<br>🐥 "Go straight 〜" (〜をまっすぐ行く) や、"Go down 〜"(〜を進む)だけでも使われることが多い。道案内の定番フレーズ。 |
| あの高いビルが見えますか？ | **Can you see that tall building?** |
| 次の角を右［左］に曲がってください。 ✓ | **Turn right [left] at the next corner.**<br>🐥 turn right [left] = 「右［左］に曲がる」 |
| 2つ目の信号を左［右］へ曲がってください。 | **Turn left [right] at the second traffic lights.**<br>🐥 traffic lights = 「信号」 |
| 交差点を渡ってすぐです。 | **Cross the intersection and it's right there.**<br>🐥 cross 〜 = 「〜を渡る」「〜を横断する」。「〜の向かい側に」を表す "across" と混同しないように注意。 |
| 五差路が見えてきます。 | **You will come to a five-way intersection.**<br>🐥 five-way intersection = 「五差路」 |
| 近くに目印になるものがありますか？ | **Are there any landmarks nearby?**<br>🐥 landmark = 「目印」。nearby = 「近く」 |
| 古い教会の隣です。 | **It's next to an old church.**<br>🐥 next to 〜 = 「〜の隣」 |
| 看板がとても目立ちます。 | **The sign really stands out.**<br>🐥 stand out = 「目立つ」<br>≡ You'll see a huge sign. (大きな看板が見えます) |
| すぐわかりますよ。 | **You can't miss it.**<br>🐥 「見逃すはずがない」という表現から、「行けばわかりますよ」という道案内の定番フレーズ。 |

| | |
|---|---|
| 道のどちら側にありますか？ | **Which side of the street?** |
| 左側です。 | **It'll be on your left [right].** |
| | It's on the left-hand side.（左手［右手］にあります） |
| 突き当たりまで行くと右［左］側にありますよ。 | **Go straight until the end and then you'll find it on the right [left].** |
| | Go straight until the end (of the street) =「突き当たりまでまっすぐ」 |
| オックスフォード通りとデューク通りの角にあります。 | **It's on the corner of Oxford Street and Duke Street.** |
| 郵便局の後ろです。 | **It's behind the post office.** |
| | behind ~ =「～の後ろ」 |
| コンビニの向かいにある建物です。 | **The building is across from the convenience store.** |
| | across from ~ =「～の向かい側」［英］。opposite ~ =「～の反対」「～の向かい側」［米］ |
| ショッピングモールと銀行の間にあります。 | **It's between the shopping mall and the bank.** |
| | between A and B =「AとBの間」 |
| ここから歩いて5分くらいです。 | **It'll be about 5 minutes walk from here.** |

道案内・乗り物での会話 ― 道をたずねる・説明する ―

## 道案内で使われる単語

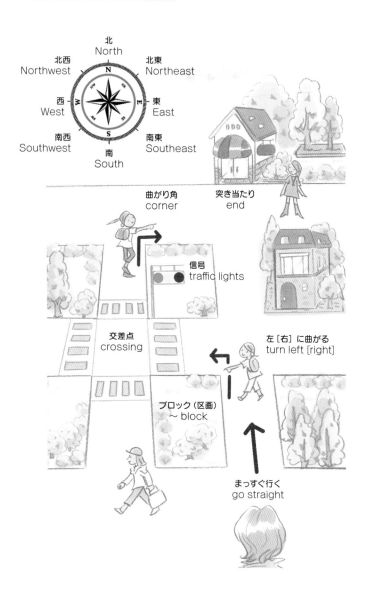

北
North

北西
Northwest

北東
Northeast

西
West

東
East

南西
Southwest

南東
Southeast

南
South

曲がり角
corner

突き当たり
end

信号
traffic lights

交差点
crossing

左 [右] に曲がる
turn left [right]

ブロック（区画）
～ block

まっすぐ行く
go straight

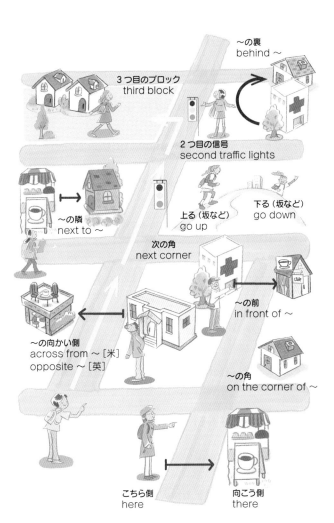

〜の裏
behind 〜

3つ目のブロック
third block

2つ目の信号
second traffic lights

〜の隣
next to 〜

上る（坂など）
go up

下る（坂など）
go down

次の角
next corner

〜の前
in front of 〜

〜の向かい側
across from 〜 [米]
opposite 〜 [英]

〜の角
on the corner of 〜

こちら側
here

向こう側
there

## 📝 メモや地図を見ながら

| | |
|---|---|
| ✓ ここへの行き方を教えてください。 | **Could you show me how to get here?** |
| ちょっと見せてください。 | **Let me see.** |
| この住所まで行きたいのですが。 | **I'd like to go to this address.** |
| この通りはなんという名前ですか？ | **What's the name of this street?** |
| ここはメープル通りです。 | **This is Maple Street.** |
| （地図を見せて）今、私たちはどこにいますか？ | **Where are we now?** |
| 私たちはここ、ディーン通りにいます。 | **We are here on Dean Street.** |
| クィーンズシアターは地図のどこになりますか？ | **Where is Queens Theater on this map?** |
| ここです。そこまで15分くらいですよ。 | **Here. It's just 15 minutes away.** |

## 📝 その他のやりとり

| | |
|---|---|
| ✓ もう一度教えていただけますか？ | **Could you tell me once again?** |
| ✓ ごめんなさい、この辺りには詳しくないんです。 | **Sorry, but I'm not familiar with this area.** |
| | 🐸 be familiar with 〜＝「〜を詳しく知っている」 |

| 私もここは初めてなんです。 | **I'm a stranger here.** |
|---|---|
| | ≣ I'm just visiting.（私も訪れているだけです） |
| | 🌸 ここで言う "stranger" は、「よそ者」という意味で使われる。 |

| すみません、方向音痴なもので。 | **Sorry, I'm bad with directions.** |
|---|---|
| | ≣ I have a poor sense of direction.（地図が苦手なんです） |

| この近くに案内所があるみたいですよ。 | **There is an information center near here.** |
|---|---|

| 市内の地図をもらえますか？ | **Could I get a free city map?** |
|---|---|

| 日本語［英語］のパンフレットはありますか？ | **Are there any brochures in Japanese [English]?** |
|---|---|
| | 🌸 brochure＝「パンフレット」 |

| ✓ ネットで調べてみますね。 | **I'll look it up on the Internet.** |
|---|---|

| 行き方を英語と日本語で書いておきますね。 | **I can write down how to get there in English and Japanese.** |
|---|---|
| | 🌸 日本の固有名詞は難しいので、ローマ字で書いておくと喜ばれる。 |

| 誰かに聞いてみましょうか。 | **Let me ask somebody.** |
|---|---|

| そこまでお連れしますよ。 | **I'll take you there.** |
|---|---|

| ついてきてください。 | **Please follow me.** |
|---|---|

| ご親切に感謝します。 | **Thank you so much for your kindness.** |
|---|---|

| ありがとう、でも一人で行けます。 | **Thank you, but I'll go by myself.** |
|---|---|

| あの通りは夜になると危ないですよ。 | **That street is dangerous at night.** |
|---|---|

# 交通手段を たずねる・説明する

## ✍ 利用する交通機関についてたずねる・説明する

| | |
|---|---|
| ✓ 国立博物館へ行く方法を教えていただけますか？ | **Could you tell me how to get to the National Museum?**<br>🪶 how to get to ～＝「～へ行く方法」 |
| 地下鉄が一番早くて簡単ですよ。 | **The subway is the fastest and easiest way.** |
| ✓ JR山手線で行けますよ。 | **You can get there on the JR Yamanote line.** |
| ロサンゼルス空港へ行くには何を使ったらいいですか？ | **How can I get to Los Angeles Airport?**<br>≡ What is the best way to get to Los Angeles Airport?（ロサンゼルス空港に行く一番いい方法はなんですか？） |
| 一番簡単なのは空港シャトルに乗ることです。 | **The easiest ways is to use the airport shuttle.**<br>🪶 The easiest way is ～＝「一番簡単な方法は～です」 |
| ロデオドライブまでバスで行けますか？ | **Can I get to Rodeo Drive by bus?**<br>🪶 Can I get to 場所 by 交通手段？＝「（場所）まで～で行けますか？」 |
| ✓ 大英博物館へ行くにはどの路線を使ったらいいですか？ | **Which line should I take to get to the British Museum?** |
| セントラルラインに乗ってください。最寄駅はホルボーンです。 | **Take the Central line, the nearest station is Holborn.**<br>🪶 Take ～ Line ＝「（この場合は）～線を使う」 |

| バスと地下鉄では、どちらが便利ですか? | Which is more convenient the bus or the subway? |
|---|---|
| 私なら地下鉄を使いますね。 | I would use the subway. |
| タクシー以外で行く方法を教えてください。 | Could you tell me the way to go there except by taxi?<br>🌸 except 〜＝「〜以外で」 |
| 電車かバスで行かれますよ。 | You can go by either train or bus. |

## ✎ 所要時間や交通費についてたずねる

| ✓ ゴールデンゲートブリッジに一番早く着く方法はなんですか? | What is the quickest way to get to the Golden Gate Bridge?<br>🌸 the quickest way ＝「最速の方法」。所要時間の短いものをたずねる場合に便利な表現。 |
|---|---|
| そこまでどのくらいかかりますか? | How long does it take to get there? |
| 30分くらいかかります。 | It takes about half an hour. |
| 近代美術館に一番安く行く方法を知りたいのですが。 | I'd like to know the cheapest way to get to the Museum of Modern Art.<br>🌸 the cheapest way ＝「一番安い方法」 |
| タクシーで行くと、いくらぐらいかかりますか? | How much does it cost by taxi?<br>≡ How much does it cost? (いくらかかりますか?) |
| だいたい50ドルくらいです。 | It'll be about 50 dollars. |

# 地下鉄・電車で
# たずねる・説明する

## ✍ 切符や路線図などについてたずねる・説明する

| 新幹線の切符はどこで買えばいいですか？ | **Where can I buy a bullet train ticket?** |
|---|---|

> 🖊 bullet train =「新幹線」「超特急列車」

| 切符の券売機はどこですか？ | **Where is the ticket machine?** |
|---|---|

| 券売機の使い方を教えてもらえますか？ | **Could you tell me how to use the ticket machine?** |
|---|---|

| いいですよ。まず言語を選択して、行き先を選びましょう。 | **Sure. First, select your language, and choose your destination.** |
|---|---|

| ICカードはとても便利ですよ。 | **Prepaid IC cards are very useful.** |
|---|---|

> ⇨ You can purchase a prepaid IC card at the ticket machine. (IC カードは券売機で購入できます)

| 運賃を自動的に計算してくれます。 | **The fare is automatically calculated.** |
|---|---|

| 残高が少なくなったら券売機でチャージできます | **If the balance gets low, you can recharge it at the ticket machine.** |
|---|---|

| 地下鉄の路線図はありますか？ | **Is there a route map of the subway [tube]?** |
|---|---|

> 🖊 地下鉄：subway [米]。underground / tube [英]

| 鉄道の時刻表はありますか？ | **Is there a schedule for the railroad?** |
|---|---|

## ✈ ホームの場所や乗車する路線をたずねる・説明する

| | |
|---|---|
| ✓ Bラインのホームはどこですか？ | **Where is the platform for the B line?**<br>🔖 platform =「ホーム」 |
| 中央改札を出て右[左]です。 | **Exit through the central ticket gate and go to your right [left].**<br>🔖 ticket gate =「改札」 |
| 秋葉原行きはどのホームですか？ | **Which platform does the train for Akihabara leave from?** |
| 2番線ホームから出発します。 | **The train leaves from platform 2.** |
| 3番線ホームはどこですか？ | **Where is platform 3?** |
| 階段を降りて左[右]に曲がります。 | **Go down the stairs and turn left [right].** |
| ✓ どの路線が42丁目駅まで行きますか？ | **Which line goes to 42th Street Station?**<br>🔖 Which line goes to ～ ? =「どの路線が～へ行きますか？」 |
| 50丁目行きはこのホームから出ますか？ | **Does the train for 50th Street leave from this platform?** |

| 日光駅へ行くには、このホームでいいですか？ | Is this the right platform to go to Nikko Station? |
|---|---|
| 日光駅に行く電車は2番線から発車します。 | The train for Nikko Station will leave from platform 2. |
| ホームまで一緒に行きますね。 | Let me walk you to the platform. |

## 🗨 電車の行き先や現在の駅をたずねる・説明する

| この電車はタイムズスクエアに行きますか？ | Does this train go to Times Square? |
|---|---|
| リバーサイドパークへ行くにはどうすればいいですか？ | How should I get to Riverside Park? |
| この電車はどこ行きですか？ | Where does this train bound for? |
| 成田空港行きの急行列車です。 | This is the express train to Narita airport. |
| 目黒駅はJR山手線です。 | Meguro Station is on the JR Yamanote line. |
| これは各駅停車ですか、急行ですか？ | Is this a local train or an express train? |
| 各駅停車です。 | This is a local train. |
| ここは何駅ですか？ | Where are we now? |
| 梅田駅です。 | We are at Umeda Station. |
| 次は何駅ですか？ | What's the next station? |
| 中津駅です。 | The next station is Nakatsu. |

🌸 The next station is ～= 「次の駅は～です」

## 🚄 停車駅や乗り換え駅をたずねる・説明する

| | |
|---|---|
| ✓ この電車はリバティーアベニュー駅に停まりますか？ | Does this train stop at Liberty Avenue Station? |
| いいえ。ブロードウェイジャンクション駅で降りて各駅停車に乗り換えてください。 | No. You need to get off at Broadway Junction Station, and take a local train. |
| 急行列車は代官山駅には止まりませんよ。 | The express train doesn't stop at Daikanyama Station. |
| 各駅停車に乗ってください。 | You should take a local train. |
| 次の電車に乗ってください。 | Take the next train. |
| 原宿駅まで乗り換えなしで行きますか？ | Can I get to Harajuku Station without any transfers? |
| 乗り換えが必要です。 | You need to change trains. |

⇐ To go to Harajuku Station, you need to change trains twice.（原宿駅までは 2 回乗り換えが必要です）
🔖 change trains =「乗り換え」

| | |
|---|---|
| 何駅で乗り換えたらいいでしょうか？ | Where am I supposed to transfer? |

| | |
|---|---|
| 渋谷駅で降りて、JR山手線に乗り換えます。 | Get off at Shibuya Station and take the JR Yamanote line. |
| 浜離宮へ行くにはどの駅で降りたらいいですか？ | Where should I get off to go to Hamarikyu Gardens? |

⇦ Get off at the next station Shiodome. (次の汐留駅で降りてください)

| | |
|---|---|
| ✓ ホルボーン駅はいくつめですか？ | How many stops is Holborn Station from here? |
| ここから5つめです。 | It is 5 stops away from here. |
| 15分くらいで着きますよ。 | You will get there in 15 minutes. |

## 📝 発車・停車の時刻をたずねる・説明する

| | |
|---|---|
| この電車はいつ発車しますか？ | When will it leave? |
| 次の大宮行きは何時ですか？ | What time is the next train for Omiya? |
| 次の電車は2:45発です。 | The next train leaves at 2:45. |

🌸 leave at ～=「～時発」

| | |
|---|---|
| ✓ 次の電車が来るまであとどれくらいですか？ | How long until the next train comes? |
| たぶん10分以内には来ると思いますよ。 | It will probably come in 10 minutes. |
| 停車時間は何分ですか？ | How long will it stop? |
| 始発［最終］電車は何時に出発しますか？ | When does the first [last] train leave? |

| | |
|---|---|
| 日本の電車は時間に正確ですからね。 | **Japan's trains are very punctual.** |
| | 🔊 punctual =「時間に正確」 |
| 電車は遅れているのですか？ | **Is the train running late?** |
| | ⇐ The train is running 15 minutes late.（電車が15分遅れています） |
| 事故で電車が遅れているみたいです。 | **The train is delayed due to an accident.** |
| | 🔊 delay =「遅れる」。 due to ～ =「～のため」「～が原因で」。"due to ～" はやや改まった言い方で、原因がネガティブな場合に使われることが多い。同義の "because of ～" はポジティブ・ネガティブ両方の場面で使われる汎用的な表現。 |
| どのくらい運転見合わせですか？ | **How long will it be suspended?** |
| | 🔊 suspended =「一時的に停める」 |
| 20分ほどだそうですよ。 | **They say it's about 20 minutes.** |

## ✎ 出口をたずねる・説明する

| | |
|---|---|
| ✓ 5番出口はどこですか？ | **Where is exit 5?** |
| 右[左]側にあります。 | **You'll see it on your right [left].** |
| ✓ キングスロードへの出口はどこですか？ | **Where is the exit for Kings Road?** |
| メトロポリタン美術館へ行くにはどの出口が便利ですか？ | **Which is the best exit for the Metropolitan Museum of Art?** |
| 南口から出てください。 | **Take the south exit.** |
| 遺失物取扱所はどこですか？ | **Where is lost and found?** |
| | 🔊 lost and found =「遺失物取扱所」 |
| | ⇒ I left my bag on the train.（車内にカバンを忘れました） |

## 📝 長距離列車で

| | |
|---|---|
| リヴァプールまでの片道切符をください。 | **Could I have a one-way ticket to Liverpool?** |
| | ⇐ Local or express?（普通列車ですか、急行ですか？） |
| シアトルまではいくらですか？ | **How much is the fare to Seattle?** |
| （チケットを指しながら）この席はどこですか？ | **Where is this seat?** |
| 通してください。 | **Please, may I pass?** |
| | ≡ Could you let me through, please?（通していただけますか？） |
| ここは私の席ですが。 | **I believe this is my seat.** |
| この席は空いていますか？ | **Is this seat taken?** |
| | 💁 直訳すると「この席には誰か座っていますか？」となる。席が空いている場合は "No"、空いていない場合は "Yes" と答える。 |
| | ⇐ Yes, my friend is sitting there.（いいえ、ここには友人が座っています） |
| ええ、どうぞ。 | **No, help yourself.** |
| ここに荷物を置いてもいいですか？ | **May I put my bag here?** |
| | ⇐ Sure, go ahead.（どうぞ） |
| 窓を開けて［閉めても］もいいですか？ | **May I open [close] the window?** |
| | ⇐ Sure.（どうぞ） |
| | ⇐ I'm sorry, I'd rather you didn't.（すみませんが、やめてください） |
| トイレはどこですか？ | **Where is the restroom?** |
| 車窓からの景色は最高ですね。 | **The scenery out of the window is wonderful.** |

## 鉄道関連の用語

| | | | | | |
|---|---|---|---|---|---|
| ～行き | bound for ～ | 乗り換え | transfer | 路線図 | route map |
| 時刻表 | a schedule | 停車駅 | stop | プラットホーム | platform |
| 切符売り場 | ticket counter [米] booking office [英] | | | 券売機 | ticket machine |
| 運賃 | fare | 周遊券 | excursion ticket | 1日券 | one-day ticket |
| 案内所 | information counter | | 待合室 | waiting room | |
| 改札口 | ticket gate | 車掌 | conductor | 食堂車 | dining car |
| 入口 (改札) | entrance [米] way in [英] | | 出口 (改札) | exit [米] way out [英] | |
| 乗車 | get on | 降車 | get off | 途中下車 | stop off |
| 始発駅 | starting station | | 終着駅 | terminal station | |
| 片道切符 | one-way ticket [米] single ticket [英] | | 往復切符 | round-trip ticket [米] return ticket [英] | |
| 指定席 | reserved seat | | 自由席 | unreserved seat | |
| 普通列車 /各駅停車 | local train | | 急行列車 | express train | |
| 特急列車 | limited express train | | 寝台列車 | sleeper train | |
| 新幹線／超特急列車 | bullet train | | | | |

道案内・乗り物での会話 ― 地下鉄・電車でたずねる・説明する ―

79

# 市内バス・長距離バスで たずねる・説明する

## ✎ バスの案内所で

| | |
|---|---|
| 金閣寺行きのバスに乗りたいのですが。 | I'd like to take the bus for Kinkaku-ji. |
| 浅草へ行くバスはどこから乗ればいいですか? | Where should I take the bus for Asakusa? |
| ✓ シカゴ行きのバス停はどこですか? | Where is the bus stop for Chicago? |
| あちらのバス停です。 | It's over there. |
| ✓ (ガイドブックを指しながら) ここへ行くにはどのバスに乗ればいいですか? | Which bus should I take to get to this place? |
| そのバスはちょうど今出たところです。 | The bus has just left. |
| 次のバスの出発時間は何時ですか? | When is the departure time of the next bus? |
| マンハッタン行きのバスはどのくらいの間隔で出ていますか? | How often does the bus for Manhattan leave? |
| 10分おきです。 | Every 10 minutes. |
| 1時間にバスは何本来ますか? | How many buses run in an hour? |
| 予約は必要ですか? | Do I need a reservation? |

## ✎ 行き先を確認する

| | |
|---|---|
| ✓ このバスはフィッシャーマンズワーフに行きますか？ | Does this bus go to Fisherman's Wharf? |
| ポートランドまで時間はどのくらいかかりますか？ | How long does it take to get to Portland from here? |
| 名古屋城に停まりますか？ | Does this bus stop at Nagoya Castle? |
| ✓ チャイナタウンへ行くにはどこで降りればいいですか？ | Where do I have to get off to go to Chinatown? |
| いつ降りたらいいか教えてもらえますか？ | Could you let me know when to get off? |

> 🔖 get off =「降りる」。get on =「乗る」

| | |
|---|---|
| 次の次のバス停です。 | The stop after next. |
| いくつめのバス停ですか？ | How many stops? |

> ≡ How many stops are there to Central Park?
> （セントラルパークまでバス停いくつ分ですか？）

| | |
|---|---|
| ここから5つ目の停留所です。 | It's the fifth stop from here. |

## ✎ 料金を払う

| | |
|---|---|
| ✓ 運賃はいつ払えばいいですか？ | When should I pay the fare? |

> 🔖 「交通機関」の運賃は "fare" を使う。bus fare =「バス代」。train fare =「電車代」

| | |
|---|---|
| 前払いですか、後払いですか？ | Do I pay now or later? |
| 前払いだよ。 | You need to pay first. |

| 料金はいくらですか？ | **How much is the fare?** |
|---|---|

⬅ The fare is 2 dollars 50. （運賃は 2 ドル 50 セントです）

| ニューオリンズまでの料金はいくらですか？ | **What is the fare to New Orleans ?** |
|---|---|
| 小銭がないのですが。 | **I don't have any small change.** |
| まとめて2人分払います。 | **I'll pay for the 2 of us.** |

## 🎤 車内での会話

| ここに座ってもいいですか？ | **May I have this seat?** |
|---|---|
| 混んでますね。 | **It's crowded.** |
| （席を譲る場合）よろしければどうぞ座ってください。 | **Please have this seat, if you'd like.** |
| 次で降りますので。 | **I'll get off at the next stop.** |
| （車内アナウンス）次、停まります。 | **Stop Requested.** |
| （混雑時に）ここで降ります。 | **Excuse me. I'm getting off here.** |
| 乗り越しちゃった！ | **I missed my stop!** |
| 反対方向行きのバスはどこで乗れますか？ | **Where can I get a bus going the other way?** |

WORD LIST

バスで使われる用語

| ○○行き | for ○○ | 乗車 | get on | 降車 | get off |
|---|---|---|---|---|---|
| 通過 | pass | 停車 | stop | バス停 | bus stop |
| 運賃 | fare | おつり | change | 小銭 | small change |

82

Chapter 3
Giving directions・
Transportation

# タクシーでの やりとり

## ✍ 乗車時の会話と行き先を伝える

| | |
|---|---|
| 5人乗れますか？ | **Do you have room for 5 people?** |
| | 💬 "room" には「スペース」「余地」という意味もあり、ここでは「5人乗れるスペースがありますか？」とたずねている。 |
| トランクを開けていただけますか？ | **Could you open the trunk?** |
| 荷物を運ぶのを手伝っていただけますか？ | **Could you help me to carry my baggage?** |
| どちらまで？ | **Where to?** |
| | ≡ Where would you like to go to?（どちらまで行かれますか？） |
| （メモを見せて）この場所までお願いします。 | **To this place, please.** |
| 5番街のダラスホテルまで行ってください。 | **To Dallas Hotel on Fifth Avenue, please.** |
| ユニオン通りとフィルモア通りの交差点に行きたいのですが。 | **I'd like to go to the corner of Union Street and Fillmore Street.** |
| レジェント通りのリバティーはわかりますか？ | **Do you know Liberty on Regent Street?** |
| セントラル駅に着いたら教えてください。 | **Could you tell me when we get to Central Station?** |

道案内・乗り物での会話 ― 市内バス・長距離バスでたずねる・説明する／タクシーでのやりとり ―

83

## ☐ 時間や運賃についてたずねる

| | |
|---|---|
| アラモアナセンターまで時間はどのくらいかかりますか？ | **How long will it take to get to Ala Moana Center?**<br>⇐ Normally, it takes about 30 minutes. （普段なら30分で着きますよ） |
| 9時までに駅に着きますか？ | **Will it be possible to arrive at the station by 9?**<br>≡ It depends on the traffic. （交通状況次第ですね） |
| 空港に11:00には着いていないといけないんです。 | **We need to get to the airport by 11.** |
| ロックフェラーセンターまでだいたいいくらかかりますか？ | **Do you know how much will it cost to get to Rockefeller Center?**<br>≡ How much is it to Rockefeller Center? （ロックフェラーセンターまでいくらですか？） |
| そこまで20ドルで足りますか？ | **Do you think 20 dollars is enough to get there?** |
| 空港まで行きたいんですが、35ドルで行ってもらえますか？ | **I'm going to the airport. Can you do it for 35 dollars?**<br>🕊 地域によっては、まずは見積もりをしてもらってから、値段交渉を試してみることもできる。 |
| 50ドル札でおつりはありますか？ | **Do you have change for a 50 dollar bill?** |
| クレジットカードで支払えますか？ | **Can I pay by credit card?**<br>⇐ Sure, of course. （もちろんです） |

## ☐ 車内での会話

| | |
|---|---|
| 次の信号を右 [左] に曲がってください。 | **Could you turn right [left] at the next traffic lights?** |

| 少し急いで頂けますか？ | Could you go a little faster? |
|---|---|
| もっとゆっくり走っていただけませんか？ | Could you drive more slowly? |
| **ここで停めてください。** | **Pull over, please.** |
|  | ≡ Please pull over at the next crossing.（次の交差点で停めてください） |
| 駅の前で一度停めてください。 | Could you make a brief stop in front of the station? |
| ここでしばらく待っていただけますか？ | Could you wait here for a few minutes? |

## 📝 料金を払う

| いくらですか？ | How much? |
|---|---|
| **ありがとう。おつりは取っておいてください。** | **Thank you. Keep the change.** |
|  | ≡ Here, this is a tip.（これはチップです） |
| **（おつりが5ドルなどの場合）おつりは3ドルだけでいいです。** | **I need just 3 dollars.** |
| 領収書をいただけますか？ | May I have a receipt? |

## 📝 トラブル

| | |
|---|---|
| 道を間違えていませんか？ | **Is this the right way?** |
| 料金がメーターと違います。 | **The fare is different from the meter.** |
| ちょっと高すぎませんか？ | **I think you're overcharging me.**<br>🐾 overcharge＝「不当な値段を要求する」 |
| そんなに高いはずはありません！ | **It can't be that expensive!** |
| おつりが足りないと思います。 | **I'm afraid this is not enough change.** |

WORD LIST

## 交通関連の用語

| タクシー乗り場 | taxi stand [米] | | taxi rank [英] | 空車 | vacant |
|---|---|---|---|---|---|
| 回送車 | off duty | メーター | meter | 運賃（料金） | fare |
| おつり | change | トランク | trunk [米] | boot [英] | |
| 領収書 | receipt | 信号 | (traffic) lights | 有料道路 | toll way |
| 交通渋滞 | traffic jam | 近道 | shortcut | 遠回り | detour |
| 直進 | go straight | 右折 | turn right | 左折 | turn left |

Chapter 4

# イベント・休日・天気

Event · Holiday · Weather

Chapter 4
Event・Holiday・
Weather

# 予定をたずねる・
# 食事やイベントに誘う

---

## ✏ 予定をたずねる

| | |
|---|---|
| 今週末、空いている？ | **Are you free this weekend?** |

> 🖋 「空いてる？」とカジュアルに聞くときには、"Are you free ～ ?" を使う。

| | |
|---|---|
| 今度の日曜日、何か予定はある？ | **Do you have any plans this Sunday?** |
| 金曜日は忙しい？ | **Are you busy on Friday?** |
| 明日は大丈夫（都合がつく）？ | **Can you make it tomorrow?** |

> ⇒ We're having a welcome party tomorrow. Can you make it?（明日の歓迎会だけど、来られそう？）
> ⇐ Yeah, I can make it.（うん。行けるよ）

| | |
|---|---|
| いつなら都合がいいですか？ | **When will be convenient for you?** |

> ⇐ I'm free Thursday the 25th.（25日の木曜日なら空いてます）

| | |
|---|---|
| 明日の8時はどうですか？ | **How about tomorrow at 8?** |
| 都合に合わせますよ。 | **I'll adjust my schedule accordingly.** |

> 🖋 adjust=「調整する」。accordingly=「（あなたの都合に）応じて」「（あなたの都合に）従って」

| | |
|---|---|
| いつでもいいですよ。 | **Anytime is okay with me.** |

> ≡ Whenever is fine.（いつでもいいですよ）
> 🖋 "anytime" も "whenever" も「いつでも」を意味し、相手の予定に合わせることができることを伝えるときに使う。

88

## ✐ 食事に誘う

| | |
|---|---|
| ランチに行かない？ | **Why don't we have lunch?** |

🐾 "Why don't we ~ " は「思いつきで誘ってみた」というニュアンスで、相手の負担にならず気軽に誘えるフレーズ。

| | |
|---|---|
| お腹がすいたね。ランチに行くのはどう？ | **I'm getting hungry. How about going to lunch?** |

🐾 "What about ~ " は相手の意向をたずねるカジュアルなフレーズ。
⬅ That's a good idea.（いいね）

| | |
|---|---|
| 今日のお昼はどうするの？ | **What are you doing for lunch today?** |

⬅ I'm going to lunch with Meg, why don't we go together?（メグとお昼に行くけど、一緒に行かない？）

| | |
|---|---|
| 今夜、一緒に食事しない？ | **Would you like to join us for dinner tonight?** |

≡ Let's go out for dinner tonight.（今夜、ご飯を食べに行こうよ）

| | |
|---|---|
| 何が食べたい？ | **What would you like to eat?** |

⇨ Do you have any preference?（何か好きなものはある？）

| | |
|---|---|
| 自由ヶ丘に行ってみたいお店があるの。 | **There is a restaurant I've always wanted to go to in Jiyugaoka.** |

89

| | |
|---|---|
| おいしいイタリアンのお店を渋谷に見つけたわ。 | **I found a nice Italian restaurant in Shibuya.** |

🌸 ネットや雑誌などで「見つけた」という場合は "I found 〜"。外出先などで「偶然見つけた」場合は "I came across 〜 " を使う。
⇨ Would you like to join us?(一緒に行かない?)

| | |
|---|---|
| この辺りでいいレストラン知ってる? | **Do you know of any good restaurants around here?** |

| | |
|---|---|
| ✓ 中華料理と和食はどっちがいい? | **Which would you like, Chinese food or Japanese food?** |

| | |
|---|---|
| 何か食べられないものはありますか? | **Is there anything you don't eat?** |

## ☑ 飲みに誘う

| | |
|---|---|
| お酒は飲める? | **Do you drink?** |

⇦ Sure!(もちろん!)
⇦ I get drunk easily.(お酒は弱いんです)

| | |
|---|---|
| 今夜、飲みに行かない? | **Do you want to go for a drink tonight?** |

▤ Let's go for a drink!(飲みに行こうよ!)

| | |
|---|---|
| 仕事のあと、私たちと一緒に飲みに行きませんか? | **Would you like to join us for a drink after work?** |

⇦ Who's in?(誰が参加するの?)

| | |
|---|---|
| ✓ 一杯いかがですか? | **Can I invite you for a drink?** |

🌸「お誘いしてもいいですか?」と間接的に誘う表現。

| | |
|---|---|
| 一杯飲んで行こうよ。 | **Let's grab a beer .** |

🌸 "grab a beer" は、日本語の「一杯ひっかける」という意味合いで使う。

| | |
|---|---|
| 夜景のきれいなバーに行きませんか? | **Do you want to go to a bar with a beautiful night view?** |

| 落ち着いた雰囲気の<br>バーだよ。 | **The bar has a cozy atmosphere.** |
|---|---|

🌱 cozy atmosphere =「落ち着いた」「居心地のい<br>い雰囲気」

| きっと気にいると思<br>うよ。 | **I'm sure you'll like it.** |
|---|---|

## 📝 映画やイベントに誘う

| このあと映画を観に<br>行かない？ | **Why don't we go and see a movie<br>later?** |
|---|---|
| カラオケに行くのは<br>どう？ | **How about going to a karaoke<br>lounge?** |
| 今度一緒に美術館へ<br>行きませんか？ | **Would you like to go to a museum<br>with me sometime?** |
| フットサルの試合に<br>出るんだけど見にき<br>てくれる？ | **Can you come to watch my futsal<br>game?** |
| コンサートチケット<br>が2枚あるんだけど<br>行かない？ | **I've got 2 concert tickets. Do you<br>want to go?** |

⇐ Who?（誰の？）<br>⇒ Guess who, Madonna!（なんと、マドンナだよ！）

| 私、マドンナの大ファ<br>ンなの！ | **I'm a big fun of Madonna!** |
|---|---|

🌱 a big fan of ～ =「～の大ファン」

# 誘いを受ける・誘いを断る

## 📝 誘いを受ける・提案に同意する

| | |
|---|---|
| もちろん。 | **Sure, why not?** |
| ✓ | 💬「もちろん」「ぜひ」とポジティブなあいづちとして使われる。「それをしない理由がないよ」というニュアンス。 |

| | |
|---|---|
| 参加するよ。 | **I'm in.** |
| | 💬 Count me in.（私も入れて）<br>💬 参加者をたずねる場合は "Who's in?"（誰が行くの？）を使う。 |

| | |
|---|---|
| 誘ってくれてありがとう！ | **Thank you for inviting me!** |

| | |
|---|---|
| 絶対に行きたいわ！ | **I want to go no matter what the cost!** |
| | 💬 no matter what the cost =「どんな犠牲を払ってでも」 |

| | |
|---|---|
| ぜひ行きたいわ。 | **I'd love to go.** |
| ✓ | 💬 快く誘いを受けるときの定番表現。 |

| | |
|---|---|
| わぁ、ステキ！ | **Wow, that would be great!** |

| | |
|---|---|
| 完璧だね。 | **Perfect.** |

| | |
|---|---|
| 待ちきれないよ！ | **I can't wait!** |

| | |
|---|---|
| 楽しそう！ | **Sounds fun!** |
| | 💬 Sounds interesting!（面白そうだね）<br>💬 Sounds great!（すごくいいね） |

| | |
|---|---|
| 行ってみたかったんだ！ | **I really wanted to go there!** |
| | 💬 I've been really wanting to go there.（ずっと行きたいと思ってたの） |

| いつでも大丈夫だよ。 | **Anytime is fine.** |
|---|---|
| すぐに行くわ！ | **I'll be there soon!** |
| ちょっと待って！今行くから。 | **Wait up! I'm coming.** |
| ちょっと遅れそうだけどいいかな？ | **Would you mind if I'm a bit late to join you?** |

▤ I don't think I can get there in time.（時間に間に合わないかもしれないけど）

| ✓ 楽しみにしていますね。 | **I'm really looking forward to it.** |
|---|---|

イベント・休日・天気 ─ 誘いを受ける・誘いを断る ─

## ☑ 誘いや提案を断る

| ✓ ごめんなさい、ダメなんです。 | **Sorry, I can't make it.** |
|---|---|
| ✓ ぜひまた誘ってください。 | **I'll take a rain check.** |

🏵 社交辞令ではなく「次回は必ず行きます！」というニュアンスを伝えられる。

| ありがとう、でもやめておきます。 | **Thanks, but I'd better pass.** |
|---|---|
| ううん、今夜はやめとく。 | **No, not tonight.** |
| ✓ 行きたいんだけど、予定があるの。 | **I want to go, but I already have plans.** |

▤ Sorry, but I'm going to be busy on that day.（残念だけど、その日は忙しいんです）

| 今週は予定が詰まってるの。 | **I'm all booked up this week.** |
|---|---|

🏵 booked up ＝「予定が詰まってる」「いっぱいになっている」

| まだ予定がはっきりしてないの。 | **I'm not sure about my schedule.** |
|---|---|

93

| （行くつもりがないけど）また今度ね | **Maybe some other time.** |
|---|---|
| | 🌱 同じような表現としては、他にも "next time"（今度）、"sometime soon"（そのうち）、"someday"（いつか）がある。 |

| 行けたらいくね。 | **I'll try to be there.** |
|---|---|
| | 🌱 予定があって忙しく「行けるように努力するけど、どうかな……」というニュアンス。 |

| 行けそうだったらまた連絡するね。 | **I'll let you know if I can make it.** |
|---|---|

| あとで連絡してもいい？ | **Can I get back to you later?** |
|---|---|
| | 🌱 get back to you =「後ほど返事をする」 |

| 実は今ちょっと金欠なんだよね。 | **Well, I'm a bit broke at the moment.** |
|---|---|
| | 🌱 I'm broke =「金欠」 |

## 📲 待ち合わせをする

| どこで待ち合わせしようか？ | **Where shall we meet?** |
|---|---|

| 恵比寿駅の改札で待ち合わせしよう。 | **Let's meet at the ticket gate at Ebisu station.** |
|---|---|
| | 🌱 ticket gate =「改札」 |

| A1出口のところにいます。 | **I'll be at exit A1.** |
|---|---|

| 駅前にあるスタバはわかる？ | **Do you know the Starbucks in front of the station?** |
|---|---|
| | 🌱 in front of ～ =「～の前」「～の正面」 |

| ヒルトンホテルのロビーに3時でいかがですか？ | **Shall we meet in the lobby of the Hilton Hotel at 3?** |
|---|---|

| | |
|---|---|
| 7時にいつもの店で待ってるね。 | **I'll be waiting at the usual place at 7.** |
| | 🌱 "usual 〜" は「いつもの〜」と訳し、"usual bar"（いつもものバー）のような使い方もできる。 |
| 4：50はどう？ | **How about 10 to 5?** |
| | 🌱 "10 to 5" は 5 時 10 分前を表し、ネイティブの間で頻繁に使われる表現。5 時 10 分は "10 past 5" とも言う。 |
| 10時に（車で）迎えに行きますね。 | **I'll pick you up at 10.** |
| すみませんが、10分ほど遅れます。 | **Sorry, but I'm going to be 10 minutes late.** |
| | 🌱 向かっている途中に「予定より遅れているけれど間に合う可能性もあります」と伝えたいときは、"I'm running a little late." を使う。 |
| 事故で電車が遅れてるみたい。 | **The train has been delayed because of an accident.** |
| どこにいるの？ | **Where are you?** |
| 向かっている途中だよ。 | **I'm on my way.** |
| | ⇒ I'm on my way. I'm stuck in traffic.（今、向かっている途中だよ。渋滞にはまっちゃったよ）<br>⇐ Okay, be careful.（了解。気をつけてね） |
| 焦らなくて大丈夫だからね。 | **There is no need to rush.** |
| あとどれくらいで着く？ | **How long will it take to get here?** |
| あと15分で着きます。 | **I'll be there in 15 minutes.** |
| | 🌱 I'll be there in ○○ minutes. =「あと○○分で着きます」 |
| 場所はわかる？ | **Do you know where it is?** |
| 待っているね。 | **I'll be waiting for you.** |

イベント・休日・天気 ― 誘いを受ける・誘いを断る ―

# 招く・招かれる

##  招待する・招待される

| | |
|---|---|
| よかったら家で一緒に食事しましょうよ。 | **Why don't you come over for lunch?** |
| | 🌱 come over for ～＝「～しに家に来る」 |
| 今度の土曜日にバーベキューをやるんだ。 | **We're having a barbecue this Saturday.** |
| | ⇨ Kenny and his friends are also coming.（ケニーたちも来るって） |
| 11：30頃、家に来てもらえますか？ | **Could you come to my house at around 11:30?** |
| 何か食べ物か飲み物を持って行きましょうか？ | **Shall I bring any food or drink?** |
| 手ぶらで来てくださいね。 | **Just bring yourself.** |
| | 🌱「あなただけでいいですよ」という意味から、「手ぶらで来てください」と言いたいときの定番フレーズ。 |
| 飲み物を持ってきてもらえる？ | **Can you bring something to drink?** |
| 駅に着いたら電話してください。 | **Please call me when you arrive at the station.** |
| | 🌱 arrive ＝「着く」。目的地がホテルや駅の場合は "arrive at"。場所や時刻を限定できない場合は "arrive in" を使う。 |
| 最寄り駅はどこですか？ | **Where is the nearest station?** |

| | |
|---|---|
| 駅まで迎えにいきます。 | **I go to meet you to the station.** |
| 来られそうだったらぜひ来てね。 | **Do come if you can.** |
| じゃあ、来週の水曜日に会いましょう。 | **I'll see you next Wednesday.** |

## 歓迎のあいさつ

| | |
|---|---|
| 我が家へようこそ！ | **Welcome to our home!**<br>welcome to ～＝「～へようこそ」<br>Welcome to Japan!（日本へようこそ！） |
| お招きいただきありがとうございます。 | **Thank you for inviting me.** |
| ✓ お待ちしていました。 | **I've been expecting you.**<br>来客を迎えるときの定番フレーズ。似た表現で "I have been waiting for you." という言い方もあるが、これは遅れてきた相手に「待っていたんだよ」という嫌みな言い方になってしまうので注意。 |
| 来てくれてうれしいわ。 | **I'm glad you came.** |
| ✓ どうぞくつろいでくださいね。 | **Please make yourself at home.**<br>「自分の家のように遠慮せずにね」というメッセージを伝える、欧米流のおもてなしフレーズ。 |

| | | |
|---|---|---|
| ✓ | お茶はいかがですか？ | **Can I pour you some green tea?** |
| | | 🐦 pour ＝「お茶を注ぐ」。"tea" は紅茶をイメージされるため、緑茶であれば "green tea" と伝えておく。 |
| | 日本は初めてですか？ | **Is this your first time in Japan?** |
| | | ⬅ Yes. This is my first visit here.（はい、初めてです） |
| | ここ（日本）に来られたきっかけは？ | **What brings you here?** |
| | | 🐦 Why did you come to Japan?（なんで日本に来たの？）では相手に失礼な言い方になるので注意。 |
| | | ⬅ I love the Japanese culture.（日本の文化が大好きなんです） |

## 📤 招待先での会話

| | | |
|---|---|---|
| ✓ | すてきな部屋だね。 | **It's a very nice room.** |
| | 豪華なお家ね。 | **Your house is gorgeous.** |
| | 部屋を見せてくれる？ | **Could you show me around your house?** |
| | | 🐦「家の中にある部屋」という意味で "around"（周囲・周り）を使っている。 |
| | ここがリビングです。 | **This is our living room.** |
| | | ⬅ Wow, it has a nice view.（見晴らしがいいね） |
| | 日当たりがいいね。 | **This room gets a lot of sun.** |
| ✓ | とても静かでいいところですね。 | **It's nice and quiet.** |
| | | 🐦 It's nice and ～ ＝「とても～でいい」 |
| | 庭がとても素敵ですね。 | **The garden is beautiful.** |
| | これは息子さんの写真ですか？ | **Is this a picture of your son?** |
| | | ≡ Is this your daughter? She is so pretty.（こちらが娘さんですか？ とてもかわいいですね） |
| | 素敵なご家族ですね！ | **What a beautiful family!** |

## 📧 帰り際のあいさつ

| | | |
|---|---|---|
| ✓ | あら、もうこんな時間。 | **Oh, look at the time.** |
| | | 🌸 時計を見て「思っていたより時間が経っていた！」そんなときに使いたいフレーズ。 |
| | 8時だ、もう行かなければ。 | **It's already 8. I have to go.** |
| ✓ | とても楽しかったわ。 | **I had a great time.** |
| | | ≡ It was a great party.（とても楽しいパーティーでした） |
| ✓ | 来てくれてありがとう。 | **Thank you for coming.** |
| | | 🌸 「来てくれてありがとう」と伝えるときの定番フレーズ。 |
| | おもてなしに感謝します。 | **Thank you for your hospitality.** |
| | | 🌸 generous hospitality =「寛大なおもてなし」。 thoughtful hospitality =「親切なおもてなし」 |
| | 片付けを手伝いますね。 | **Let me help you to clean up.** |
| | ご家族によろしくお伝えください。 | **Please say hello to your family.** |
| | | 🌸 Say hello to ～=「～によろしく」 |

イベント・休日・天気 ― 招く・招かれる ―

# 休みの日について

## 📝 休日について話す

| | |
|---|---|
| 明日は休みだ！ | **Tomorrow is my day off!** |
| | 🌸 day off =「休日」 |
| 週末は何をする予定？ | **What are you going to do this weekend?** |
| | ≡ Do you have any weekend plans?（週末のプランはあるの？） |
| 家でゆっくり好きなを映画を観たいな。 | **I think I'll stay in and watch my favorite movies.** |
| | 🌸 stay in =「家にいる」 |
| | 🌸 "I think I'll 〜" はよく使われるコンビネーションで、「〜しようかな」とその場で行動や目的を決めた様子を表す。 |
| ピラティスの体験レッスンを予約しちゃった。 | **I reserved a place in a trial class for Pilates.** |
| | 🌸 trial class =「体験レッスン」 |
| 犬の散歩に行こうかな。 | **I think I'll take my dog for a walk.** |
| 友達と日帰りで箱根温泉に行くの。 | **I'm going to go on a day trip to a hot spring with some friends.** |
| | 🌸 "I'm going to 〜" は「予定」を表す。 |
| | 🌸 go on a day trip =「日帰り旅行」。hot spring =「温泉」 |
| 友達と出かけます。 | **I'm going to go out with my friends.** |

| 週末はどうだった？ | **How was your weekend?** |
|---|---|
| | 🌸 週末や休暇の出来事について聞くのは海外では普通の習慣。何をしたか、具体的に話ができれば会話も弾む。 |

| 久しぶりにのんびりできたよ。 | **I just relaxed for the first time in a while.** |
|---|---|
| | 🌸 for the first time in a while = 「久しぶりに」。「今までできなかったことがやっと実現した」というニュアンスを含む。 |

| 友達とゴルフに行ったの。 | **I went to play golf with my friends.** |
|---|---|

| 墓参りに行ってきたよ。 | **I visited the family grave.** |
|---|---|

| アウトレットで買い物してきたわ。 | **I went shopping at an outlet mall.** |
|---|---|

| 部屋の片付けをしていたわ。 | **I cleaned my room.** |
|---|---|

| 子どもの運動会があったの。 | **We had our kids' sports day.** |
|---|---|

| 家でゴロゴロしていたよ。 | **I just stayed home and chilled out.** |
|---|---|
| | ≡ I stayed home and did nothing. (家で何もしなかったよ) |
| | 🌸 "chill out" は「落ち着く」という意味から "stay home and chill out" で「ゴロゴロする」というニュアンスを表す。 |

| 彼の部屋で過ごしていたわ。 | **I spent the weekend at my boyfriend's place.** |
|---|---|

| とてもいい週末だった。 | **My weekend was really good.** |
|---|---|

## 📑 長期休暇について話す

| 夏休みはいつから？ | **When will the summer vacation start?** |
|---|---|

イベント・休日・天気 ―休みの日について―

| | |
|---|---|
| 連休はどうする予定？ | **How are you going to spend your long weekend?** |
| | 🐟 long weekend＝「連休」。土日に祝日がついた「三連休」も表す。 |
| 新潟へ旅行に行くの。 | **I'm going to travel to Niigata.** |
| 秋田の実家に帰ります。 | **I'm going to visit my parents in Akita.** |
| | 🐟 visit my parents＝「実家に帰る」 |
| よい休暇を！ | **Have a great vacation!** |
| よいお年を！ | **Have a happy new year!** |
| | 🐟 Enjoy the holidays!＝「(年末の休暇を含めて)よいお年を！」 |
| また連休明けにね！ | **See you after the weekend!** |
| 休暇は楽しかった？ | **Did you enjoy your vacation?** |
| 両親を連れて温泉に行ってきたよ。 | **I took my parents to a hot spring.** |
| 家族で沖縄に行ってきたの。 | **We took a family trip to Okinawa.** |
| ハワイのマラソン大会に出たんだ。 | **I ran a marathon in Hawaii.** |
| | ≡ I took part in the Honolulu marathon. (ホノルルマラソンに参加したの) |
| フランスとドイツをまわってきたの。 | **I traveled around France and Germany.** |
| バイクで北海道ツーリングに行ってきたよ。 | **I went to Hokkaido on my motorcycle.** |
| 3日間ずっと新作のゲームをやっていたよ。 | **I've been playing the new game for 3 days.** |

## 天気・陽気について話す

| | |
|---|---|
| いいお天気だね。 | **It's a beautiful day.** |
| やっと晴れたね。 | **It's finally cleared up.** |
| | 🖋 "clear up" で「雨が上がり晴れる上がる」「天気が よくなる」という意味。 |
| 明日は晴れるって。 | **Tomorrow will be a sunny day.** |
| 今日は洗濯日和だわ。 | **It's a perfect day for doing the laundry.** |
| どんよりしたお天気 になってきたね。 | **It's getting gloomy.** |
| | 🖋 "gloomy" には「暗い」「憂うつな」という意味があ り、天気がどんよりして薄暗い状況を説明するのに ぴったり表現。 |
| 雨が降ってきた。 | **It's starting to rain.** |
| | ⇒ Is it raining outside?（[外は] 雨降ってる？） |
| | ⇐ Yes, it's starting to rain.（うん、雨が降ってき たよ） |
| 午後は晴れてくれる といいな。 | **I hope it clears up in the afternoon.** |
| すごい雨だね。 | **The rain is terrible.** |
| びしょ濡れだよ。 | **We are drenched.** |
| 雨がやんできたみた い。 | **The rain is letting up.** |
| | 🖋 let up＝「ずっと続いていたことが、だんだん終わる」 という表現。 |
| 大型の台風が接近し てるみたい。 | **A big typhoon is approaching.** |

103

| | |
|---|---|
| 台風が東京に上陸したよ。 | **The typhoon hit Tokyo.** |
| | 🌱 "hit" は「災害などが地域に被害を与える」という意味全般を表す。"flood"（洪水）、"tornado"（竜巻）、"earthquake"（地震）などのときも使える。 |
| 天気予報は外れたみたいね。 | **The weather forecast was wrong.** |
| 寒い？ | **Are you cold?** |
| | ⬅ Yes, I'm cold. （うん、寒いね） |
| 少し肌寒いね。 | **It's a bit chilly.** |
| | 🌱 chilly =「肌寒い」 |
| 上着を持ってくればよかった。 | **I should have brought my jacket.** |
| | 🌱 "I should have ～" で「～をすればよかった」と後悔していることを表す。 |
| 空気が乾燥している。 | **The air is so dry.** |
| この冬一番の寒さだって。 | **Today is the coldest day this winter.** |
| 体の芯まで冷えちゃった。 | **I'm chilled to the bone.** |
| | ⬅ Let's get something to warm us up. （何か温まるものでも飲もうよ） |
| もう春だね。 | **Spring is just around the corner.** |
| | 🌱 just around the corner =「もうすぐそこ」 |
| 今日も暑くなりそうだね。 | **It's going to be another hot day.** |
| 蒸し暑いね。 | **It's hot and humid.** |
| | ≡ It's pretty muggy today. （今日はかなり蒸し暑い）<br>🌱 humid =「蒸している」。muggy =「蒸し暑い」 |
| 日焼けしちゃった。 | **I got sunburned.** |
| | 🌱 "sunburned" は肌が赤くなるほど日焼けした様子。"suntanned" はきれいな小麦色に日焼けする様子。 |

Chapter 5

# 趣味・娯楽・レジャー

Hobby・Entertainment・Leisure

> Chapter 5
> Hobby ·
> Entertainment ·
> Leisure

# 趣味や関心の あることについて

## ✎ 趣味や関心のあることについて話す

| | |
|---|---|
| 趣味はなんですか？ | **What are your hobbies?**<br>≡ What are your interests? (興味のあることはなんですか？)<br>🖊 "hobby" には「専念する」というニュアンスがあり「こだわり」や「情熱を注いでいるもの」、"interest" は広い意味で「興味や関心があるもの」を表す。 |
| 時間があるときには何をしますか？ | **What do you like to do in your free time?** |
| お菓子作りです。 | **I like making sweets.** |
| ファッションに興味があるの。 | **I'm interested in fashion.** |
| スポーツに興味はありますか？ | **Are you interested in sports?**<br>⬅ Yes, only watching them though. (ええ、スポーツ観戦ですけど) |
| 最近、何かハマってることある？ | **What are you into at the moment?**<br>🖊 into ～ =「～に入り込んでいる」「～に夢中になっている」 |
| 実は、英会話を始めたの。 | **Actually, I've started to take English conversation lessons.**<br>🖊 take ～ =「～講座・レッスンを取る」 |
| まだまだ初心者だけどね。 | **I'm still a beginner though.** |
| スポーツクラブに入会しようと思っているの。 | **I'm thinking of going to a gym.** |

| | |
|---|---|
| すっかり運動不足だから。 | **I'm really out of shape.** |
| | 🌱 "out of shape" は「運動不足」以外にも「体型が崩れる」という意味もある。 |
| どれくらいの頻度で運動しているんですか？ | **How often do you work out?** |
| | ⇐ I work out twice a week for 2 hours. (週2で2時間ずつかな) |
| | ⇒ You know, "Persistence pays off". (「継続は力なり」よね) |
| | 🌱 "Persistence pays off" は「粘り強く続けることで成果をもたらす」という意味。 |
| 近くのアートスクールに通っています。 | **I go to an art school nearby.** |
| | ⇒ Would you like to join us? (一緒にやってみない？) |
| 陶芸がこんなに楽しいなんて知らなかったわ。 | **I never knew that doing pottery could be so much fun.** |
| | ⇒ This is my latest work. (これ最新作なの) |
| | 🌱 I never knew ○○ could be ～ =「○○が～だなんて知らなかった」。pottery =「陶芸」。latest work =「最新作」 |
| 新しいカメラを買ったんだ。 | **I bought a new camera.** |
| | |
| ペットを飼っていますか？ | **Do you have any pets?** |
| | ⇐ I have 3 cats. (猫が3匹います) |

趣味・娯楽・レジャー ― 趣味や関心のあることについて ―

| 犬と猫どっちが好き？ | **Are you a dog person or a cat person?** |
|---|---|
| | ⇐ I'm a dog person.（私は犬派ですね） |
| カフェ巡りが趣味なの。 | **I like checking out new cafes.** |
| | ⇐ Would you take me next time?（今度は私も連れていって！） |

## さまざまな趣味

WORD LIST

| | |
|---|---|
| 旅行<br>traveling | 海外旅行<br>traveling abroad |
| スイーツ食べ歩き<br>dessert tour | 寺社巡り（パワースポット巡り）<br>shrine and temple tour |
| ファッション<br>fashion | ネイルアート<br>nail art |
| 雑貨集め<br>collecting sundries | インテリア<br>interior |
| 英会話<br>English conversation | 資格取得<br>getting license |

| | | |
|---|---|---|
| アロマテラピー<br>aromatherapy 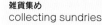 | 風水<br>feng shui | 占い<br>fortune telling |
| 料理<br>cooking | お菓子作り<br>making sweets | |
| パン作り<br>baking bread | ラテアート<br>latte art | |
| ガーデニング<br>gardening | フラワーアレンジメント<br>flower arranging | ハーブ栽培<br>grow herbs  |
| キャンプ<br>camping | 釣り<br>fishing | ハイキング<br>hiking |
| 日用大工<br>home carpenter | 散歩<br>walking | 登山<br>mountain climbing |

| 何か目標はある？ | **Do you have any goals?** |
|---|---|

| インテリアコーディネーターの資格を取ろうと思っているの。 | **I'm going to study to be an interior designer.** |
|---|---|

≡ I'm going to study to be a counsellor.（カウンセラーになるために勉強しようと思っているの）

⇒ I study by myself.（独学で勉強中です）

🎵 study to be ~ 「~になるため勉強する」

| ヨガ<br>yoga | ピラティス<br>pilates | |
|---|---|---|
| ボルダリング<br>bouldering | フットサル<br>playing futsal | |
| スキー・スノーボード<br>skiing/snowboarding | ダイビング<br>diving | |
| サーフィン<br>surfing | 乗馬<br>horse riding | |
| スポーツ観戦<br>watching sports | ヒップホップダンス<br>Hip-hop dance | フラダンス<br>hula dancing |
| 油絵<br>oil painting | 水彩画<br>watercolors painting | 陶芸<br>pottery |
| 裁縫<br>needlework | アクセサリー作り<br>jewelry making | レザークラフト<br>leatherwork |
| 読書<br>reading books | 映画鑑賞<br>watching movies | ドラマ鑑賞<br>watching TV dramas |
| アニメ鑑賞<br>watching anime | 俳句<br>composing haiku | カラオケ<br>karaoke |
| 音楽鑑賞<br>listening to music | 楽器演奏<br>playing a musical instrument | |
| カメラ<br>taking pictures | ドライブ<br>driving | バイク（オートバイ）<br>motorcycling |

# SNS やネット について

## 📝 メールについて話す

| | |
|---|---|
| メールしてね。 | **Text me.** |

✓

🌸 "Text me" はスマホなどのメールのこと。パソコンのメールの場合は "Email me".
≡ I'll text you later. (あとでメールするね)

| | |
|---|---|
| 連絡ありがとう。 | **Thank you for your message.** |

| | |
|---|---|
| アドレスを教えてもらえますか? | **Would you give me your e-mail address?** |

✓

≡ Can I ask your e-mail address? (アドレス聞いてもいい?)

| | |
|---|---|
| Gmail (のアドレス) でいい? | **Is Gmail okay?** |

| | |
|---|---|
| これで合ってる? | **Is this correct?** |

≡ It starts with "sunny", is that correct?(「sunny」から始まるこれで合ってる?)

| | |
|---|---|
| まだ彼女から返信が来ないの。 | **I haven't got her reply yet.** |

⇨ Somehow my e-mails keep returning to me. (なぜかメールを何度送っても返ってきちゃうの)
🌸 somehow =「なぜか」「どういうわけか」

| | |
|---|---|
| 彼と連絡取れる? | **Can you contact him?** |

⇐ I can LINE him. (LINE で連絡取れるよ)
⇐ I know his phone number. (彼の電話番号ならわかるよ)

| | |
|---|---|
| 歩きながらメールはダメよ。 | **Don't text and walk.** |

## 📱 スマートフォン・携帯について話す

| | |
|---|---|
| スマホを新しくしたの? | **Did you get a new smart phone?** |
| 落として画面が割れちゃったんだ。 | **I dropped my phone, and the screen is broken.** |
| 反応が鈍くてね。 | **It was laggy.** |
| | 🔖 laggy =「(PCやスマホなどの)反応が遅い」 |
| このアプリとても便利だよ。 | **This app is really useful.** |
| | 🔖 app (application) =「アプリ」 |
| これ要チェックだよ! | **You should check it out!** |
| | 🔖 おすすめしたいものを見つけて、相手にも調べてもらいたいときに使えるフレーズ。 |
| ここ、電波が悪いみたい。 | **The reception is really bad here.** |
| | 🔖 reception は「受け付け」や「歓迎」などの意味とともに、「(電波の)受信状況」という意味でも使われる。 |
| あれ、圏外だ。 | **Oh, my phone is out of range.** |
| | 🔖 out of range =「(通信)圏外」 |
| スマホを充電させてもらえますか? | **Can I charge my phone?** |
| | ⇒ The battery is dead.(電池切れなんです) |
| 食事中にスマホを見るのはやめて。 | **Don't use the smart phone while eating.** |

趣味・娯楽・レジャー ―SNSやネットについて―

111

| ここでは携帯電話の電源を切ってくださいね。 | **Please turn off your phone here.** |
|---|---|
| | 🖉 日常会話において、携帯電話とスマートフォンを区別する必要がない場合は "phone" を使う。 |
| 電車の中では電話は控えてください。 | **You shouldn't talk on the phone while on the train.** |

## ✈ インターネットについて話す

| ここで無料のWi-Fiは使えますか? | **Is Wi-Fi available here?** |
|---|---|
| | ≡ Can I get free Wi-Fi here? |
| (Wi-Fiの) IDとパスワードを教えてください。 | **Could I have the ID and password for the Wi-Fi?** |
| ネットで調べてみるね。 | **Let me google it.** |
| | 🖉 google it = 「グーグル検索する」 |
| | ≡ Why don't you google it? (ググってみたら?) |
| またアマゾンで買い物しちゃった。 | **I bought on Amazon again.** |
| | ⬅ Maybe I'm a little addicted to online shopping. (ネットショッピングにハマりすぎかもしれないね) |
| ネットサーフィンして時間があっという間にすぎちゃうの。 | **Time passes quickly when I surf the Internet.** |
| | 🖉 Time passes quickly = 「時間が経つのが早い」。 |
| この動画見た? | **Did you see this video?** |
| 最近、ネット配信の映画にハマっているの。 | **I'm really into watching movies online.** |
| | 🖉「into = 「ハマってる」「のめり込む」。他にも "hooked on"(夢中になっている)という表現もできる。 |
| ユーチューブにアップしたよ。 | **I posted a video on You Tube.** |

## 📱 SNS について話す

| | |
|---|---|
| インスタやってる？ | **Are you on Instagram?** |

🗣 Are you on ～ = 「～をやっていますか？」。LINE やツイッター、フェイスブックなど SNS をしているかどうかをたずねるフレーズ。
🗨 Yes, I am (on Instagram). (やってるよ)

| | |
|---|---|
| インスタ始めました。 | **I've started posting on Instagram.** |

🗣 post = 「（インターネットなどで）公開する」

| | |
|---|---|
| フェイスブックのアカウントは持ってる？ | **Do you have a Facebook account?** |

🗨 No, I don't have a Facebook account, but I have a "X" account. (フェイスブックは持ってないけど、「エックス（旧ツイッター）」はありますよ)

| | |
|---|---|
| ユーザーネームはなんですか？ | **What's your username?** |

| | |
|---|---|
| 了解、探してみるね。 | **Okay, I'll look you up.** |

🗣 "look up" で「調べる」という表現。"look you up" では「あなたを探してみるね」となる。

| | |
|---|---|
| あとで友達申請するね。 | **I'll send you a friend request later.** |

🗣 friend request = 「友達申請」

| | |
|---|---|
| インスタ映えする写真が撮りたいの。 | **I want to take some good pictures for my Instagram page.** |

🗨 Wow this photo is really cool! (うわぁー、この写真すごくいいね！)

| | |
|---|---|
| この写真インスタにあげてもいい？ | **Do you mind if I post this picture on Instagram?** |

🗣 post a picture = 「写真を載せる」

| | |
|---|---|
| あなたのフェイスブックの投稿見たわ。 | **I saw your post on Facebook.** |

| | |
|---|---|
| とてもすてきね！ | **It's really nice!** |

# 映画・音楽・本について

## 📝 映画・テレビについて話す

✓ **どんな映画が好き？**
Ⓐ
**What kind of movies do you like?**

---

観たい映画はある？
**Are there any movies you want to watch?**

---

今、どんな映画をやっているかな？
**What's playing at the movie theaters at the moment?**

⇐ I'll look it up.（調べてみるね）

---

スターウォーズの最新作は観た？
**Have you seen the latest Star Wars movie?**

---

俳優は誰が好き？
**Who is your favorite actor?**

≡ Who is your favorite actress?（女優さんは誰が好き？）
⇐ I'm a huge fan of George Clooney.（ジョージ・クルーニーの大ファンなの）

---

好きなテレビ番組は？
**What is your favorite TV show?**

⇐ I like comedies.（お笑い番組が好きなんだ）

---

ニュースぐらいしか見ないな。
**I rarely watch TV except for the news.**

---

最近のテレビはつまらないね。
**TV is boring these days.**

---

海外ドラマを何か観てる？
**Do you watch any foreign dramas?**

---

「24」っていうドラマがおすすめだよ。
**You should watch "TWENTY FOUR".**

🖋 「絶対見るべきだよ」と強く勧めたいときのフレーズ。

## 🗂 音楽・本について話す

| | |
|---|---|
| テイラー・スウィフトのコンサートに行ってきたよ！ | **I went to Taylor Swift's concert!**<br>⇨ It was awesome!（もう最高だった！）<br>🗫 "awesome" はとてもカジュアルな若者言葉なので使う場面に注意。 |
| ☑ 私は最近、クラシックが好きなの。 🅱 | **I like classical music these days.** |
| 昔、バイオリンを習っていたんだ。 | **I used to play the violin.**<br>🗫 used to ~ =「（今はしていないけれど）昔、~しました」 |
| この曲いいね！ | **I like this song!**<br>⇦ I hear this song everywhere.（この曲よく流れてるよね） |
| カラオケにはよく行くの？ | **Do you often go to karaoke lounges?**<br>⇨ Let's go together sometime.（今度、一緒に行こうよ） |
| J.D.サリンジャーの本はおすすめだよ。 | **I recommend the works of J.D. Salinger.** |
| 「ライ麦畑でつかまえて」は面白かったよ。 | **"The Catcher in the Rye" was very interesting.**<br>⇦ I read it too.（私も読んだよ） |

趣味・娯楽・レジャー ― 映画・音楽・本について ―

### Ⓦ WORDBOOK ワードブック

🅰

| 映画 | movies | テレビ番組 | TV show |
|---|---|---|---|
| 音楽 | music | 小説 | novels |

🅱

| クラシック | classical music | 洋楽 | foreign music |
|---|---|---|---|
| ジャズ | jazz music | 邦楽 | Japanese music |
| ポップス | pop music | カントリー | country music |

115

# スポーツについて

## 📤 自分がやっているスポーツについて話す

| | |
|---|---|
| 好きなスポーツはなんですか？ ✓ | **What kind of sports do you like?**<br>🖋 What kind of ～ do you like? =「どんな～が好きですか？」 |
| 何かスポーツをやっていますか？ ✓ | **Do you play any sports?** |
| 毎週サイクリングをしています。 | **I go cycling every week.** |
| ヨガ教室に通っています。 | **I go to yoga school.** |
| 野球をやっています。 | **I play baseball.** |
| ポジションはどこですか？ | **What position do you play?**<br>⇐ I'm a pitcher.（ピッチャーです） |
| ダイビングをやってみたいんです。 | **I want to try diving.** |
| 実はスポーツは苦手で。 | **Well, I'm bad at sports.** |
| 学生時代はテニスをしていました。 | **I used to play tennis when I was in college.** |
| 最近、ジョギングを始めたんだ。 🅰 ✓ | **I started jogging recently.** |
| どれくらいの頻度でジョギングしますか？ | **How often do you jog?** |

| | |
|---|---|
| 週に3回は走っています。 | **I jog three times a week.** |
| 走ると気持ちがいいですよ。 | **Running is really refreshing.** |
| どこを走るのですか？ | **Where do you run?** |
| | ⇒ I usually run along the river. （いつもは川沿いを走ります） |
| 今度、ホノルルマラソンに参加するの。 | **I'm going to run in the Honolulu marathon.** |
| 近くにジョギングできるところはありますか？ | **Is there a good jogging route around here?** |
| ゴルフにはよく行くのですか？ | **Do you often play golf?** |
| | ⇐ Once or twice a month. （月に1～2回ですね）<br>⇒ Why don't we go to a driving range? （今度、打ちっぱなしに行きませんか？）<br>❀ driving range ＝「ゴルフ練習場」 |

趣味・娯楽・レジャー ― スポーツについて ―

**W** WORDBOOK
ワードブック

**A**

| | | |
|---|---|---|
| ジョギング<br>**jogging** | 水泳<br>**swimming** | フィットネス<br>**exercise** |
| テニス<br>**playing tennis** | ゴルフ<br>**playing golf** | サイクリング（自転車）<br>**cycling** |

## ☑ スポーツ観戦について話す

| | |
|---|---|
| ✓ どんなスポーツを観るのが好きですか? | **What sports do you like to watch?** |
| ✓ 野球を観るのが好きです。 | **I like to watch baseball games.** |
| 私はサッカーの大ファンです。 | **I'm a huge soccer fan.** |
| (昨日) ガンバ大阪の試合を観てきたよ。 | **I watched the Gamba Osaka game yesterday.** |
| どのチームを応援してますか? | **Which team do you support?** |
| 明日の試合が楽しみだね。 | **I can't wait to see the game tomorrow.** |
| 好きなテニスプレイヤーは誰? | **Who is your favorite tennis player?**<br>⇐ Kei Nishikori is!(錦織圭選手だよ!) |
| ウィンブルドンの決勝を見た? | **Did you watch the Wimbledon?**<br>⇐ Of course! It was so exciting.(もちろん! すごく盛り上がったよね) |
| あれは接戦だったね。 | **It was a close game.** |

## ☑ 現地でのスポーツ観戦

| | |
|---|---|
| バスケットボールの試合はどこで観られますか? | **Where can I watch a basketball game?** |
| ✓ 今日の試合はどこ対どこ? | **Which teams are going to play today?** |
| 試合は何時から始まるんだっけ? | **What time will the game start?** |

| | |
|---|---|
| この席はどのゲートから入ったらいいですか？ | **Which gate is the closest to this seat?** |
| 3番ゲートはどこですか？ | **Where is gate 3?** |
| すみません。通してください。 | **Please let me through.** |
| どちらが地元のチームですか？ | **Which is the local team?** |
| どちらが勝っていますか？ | **Which is winning?** |
| | ≡ What is the scores?（スコアはいくつですか？） |
| あの5番の選手は誰ですか？ | **Who is playing in number 5?** |
| がんばれー！ | **Go! Go!** |
| 惜しい！ | **Close!** |
| 信じられない！ | **I can't believe this!** |
| すごいゴールだったね！ | **That was an impressive goal!** |
| 興奮しすぎて胸がドキドキしてる！ | **I'm on the edge of my seat!** |
| | ✐ 直訳すると「椅子の端に座る」だが、このようなケースでは「ドキドキ、ハラハラ」のような意味で使われる。 |

趣味・娯楽・レジャー ― スポーツについて ―

119

Chapter 5
Hobby ·
Entertainment ·
Leisure

# レジャーについて

---

## ✍ レジャーの誘い

| | |
|---|---|
| ✔ どこか行きたい場所はある？ | **Where do you want to go?** |
| お花見に行きませんか？🅐 | **Why don't we go to cherry blossom viewing?** |
| | ⇐ It depends on the weather.（お天気次第だね） |
| ちょっと遠いけど、海に行くのはどう？ | **It's a little far, but why don't we go to the beach?** |
| | ⇐ Sounds good.（いいね） |
| 軽井沢に行きたいな。 | **I want to go to Karuizawa.** |
| 国立美術館でモナリザを観てみたい。 | **I want to see the Mona Lisa in the National museum.** |
| | ⇐ You know what, we can see the real Mona Lisa in Japan now.（今、日本でもモナリザが観られるんだって） |
| バーベキューに行きたいです。 | **I want to go to a barbeque.** |
| フジロックフェスティバルに行かない？ | **Do you want to go to FUJI ROCK FESTIVAL with me?** |
| | ⇐ I'd love to!（喜んで！） |

| 一緒に高尾山に登らない？ | **Why don't we climb Mt. Takao?** |
|---|---|
| | ⇨ It's really refreshing, (とても気持ちがいいよ) |

## 📱 ドライブでの会話

| ドライブに行こう！ | **Let's go for a drive!** |
|---|---|
| シートベルトを締めて。 | **Buckle up.** |
| 安全運転でお願いしますね。 | **Drive safely.** |
| かなり渋滞してるね。 | **The traffic is bad.** |
| 道を間違えたみたい。 | **I think we are on the wrong road.** |
| あとどのくらいで着きますか？ | **How much longer will it take?** |
| 休憩したくなったら言ってね。 | **Let me know if you need a break.** |
| | ⇨ Are you thirsty?（喉が渇かない？） |
| 次のサービスエリアに寄っていこう。 | **Let's stop at the next service station.** |
| | 🌸 stop at =「立ち寄る」 |

## 📱 写真を撮る

| ここで写真を撮ってもいいですか？ | **Can I take a picture here?** |
|---|---|

**Ⓦ WORDBOOK ワードブック**

| お花見 <br> cherry blossom viewing | バーベキュー <br> barbeque[米]／barbecue[英] |
|---|---|
| 紅葉狩り <br> autumn leaves viewing | お祭り <br> festival |
| 花火大会 <br> fireworks display | 音楽祭 <br> music festival |

趣味・娯楽・レジャー ― レジャーについて ―

121

| | |
|---|---|
| あなたの写真を撮ってもいいですか？ | **May I take a picture of you?** |
| | ≡ May I take a picture with you? I'm a big fan or yours!（一緒に写真に写ってもらえませんか？大ファンなんです！） |
| ✓ 写真を撮ってもらえますか？ | **Could you take a picture of us?** |
| あの建物をバックに写してもらえますか？ | **Could you take a picture with that building in the background?** |
| | 🔖 in the background＝「〜をバックに」「〜を背景に」 |
| （スマートフォンを渡して）これで写真を撮っていただけますか？ | **Could you take a picture with this?** |
| ここ（シャッター）を押してください。 | **Just press this button, please.** |
| もう一枚お願いします。 | **One more picture, please.** |
| ✓ シャッターを押しましょうか？ | **Shall I take a picture for you?** |
| 彼［彼女］のところに集まってください。 | **Please gather around him [her].** |
| | 🔖 gather＝「集まる」 |
| 少し右［左］に寄ってください。 | **Can you move a little to the right [left]?** |
| みんな並んで。 | **Get together, everyone.** |
| もっと寄って。 | **Get closer.** |
| 笑って！ | **Smile!** |
| チーズ！ | **Say cheese!** |

122

# Chapter 6
# 恋愛・ファッション・ビューティー

Love ・ Fashion ・ Beauty

# 恋愛について

## 🖊 異性について話す

| | |
|---|---|
| ✓ テッドはとても優しい人なの。 | **Ted is really gentle.**<br>🕮 gentle =「穏やかな優しさ」。thoughtful =「気の利く優しさ」。considerate =「思いやり深い優しさ」 |
| マークは情熱的な人なの。 | **Mark is very passionate.**<br>🕮 passionate =「情熱的な」「熱烈な」 |
| ケンのこと、どう思う？ | **What do you think of Ken?**<br>◀ Well, I think he is a good person, but that's all.（そうね。いい人だと思うけど、それだけよ） |
| 昨日、ジェフとカラオケに行ったの。 | **I went to a karaoke bar with Jeff yesterday.**<br>⇨ Can you guess what happed later?（その後、どうなったと思う？） |
| マイクとつきあっているの？ | **Are you dating Mike?**<br>◀ No, he's just my friend.（彼とはただの友達よ）<br>⇨ But he thinks of you as more than just a friend.（でも彼はあなたのことを友達以上だと思ってるわよ） |
| ナオミとバートってつきあっているのかな？ | **Are Naomi and Bert dating?**<br>≡ Are Naomi and Bert seeing each other?（ナオミとバートはつきあってるの？）<br>🕮 be dating =「つきあう」。seeing ～ =「～とつきあう」 |
| メグがトムにモーションをかけたの。 | **Meg hit on Tom.**<br>🕮 hit on ～ =「～にモーションをかける」 |

| | |
|---|---|
| アナって不倫しているみたい。 | **I think Ana is having an affair.** |
| | ⇐ Really? It doesn't seem like she is. (本当？彼女はそんなふうには見えないけど) |
| | 🌸 afair =「不倫」「浮気」 |
| 3年間彼氏がいないの。 | **I haven't had a boyfriend in 3 years.** |

| | |
|---|---|
| 「今週末予定ある？」って聞かれたの。 | **He asked me if I have any plans for this weekend.** |
| | ⇐ Does he want to go on a date with me?(デートに誘ってくれるのかな？) |
| ヴィクターから「週末に映画に行きませんか？」と誘われたわ。 | **Victor asked me to go to the movies with him this weekend.** |
| | ⇐ Do you think he has feelings for me? (彼は、私に気があると思う？) |
| | 🌸 feel for 〜 =「〜に気がある」「〜を好きだと思う」 |
| 彼女はいる？ | **Do you have a girlfriend?** |
| | ≡ Are you seeing anyone right now? (今、つきあっている人はいますか？) |
| ネイトはシングルかな？ | **Is Nate single?** |
| | ≡ Is he married? (彼は結婚してるのかな？) |
| パットのことを好きになったかも知れない。 | **I think I'm falling for Pat.** |
| | 🌸 falling for 〜 =「〜に恋をする」 |
| アーサーのことが、頭から離れないの！ | **I can't get Arthur out of my mind!** |
| | ≡ I have a crush on him. (もう彼に夢中なの) |
| | ⇐ He is perfect for you. (彼はあなたにぴったりよ) |
| | 🌸 I can't get it out of my mind. =「気になってしかたがない」 |
| 昨夜、アレックスが夢に出てきたの。 | **Alex was in my dreams last night.** |
| | ≡ I dreamt about Alex last night. (昨日、アレックスの夢を見たわ) |

| 金曜日の夜は空いている？ | **Are you free on Friday night?** |
|---|---|

| デートに誘ってもいい？ | **Can I ask you out?** |
|---|---|
| | 🦚 ask ～ out = 「～をデートに誘う」 |

| フィリップを誘いたいけど、どうすればいい？ | **I want to ask Philip out, but how can I do it?** |
|---|---|
| | ⇒ Why don't you ask him to go out for dinner to a nice Italian restaurant? (「おいしいイタリアンレストランに行きたい」と言えば？) |

| 女性から誘うってどう思いますか？ | **What would you think of a woman who asked a man to go out with her?** |
|---|---|

---

## 🖊 デートについて話す

| 明日はヘンリーと初デートなの！ | **Tomorrow is my first date with Henry!** |
|---|---|
| | ⇐ Wow, that sounds exciting! (わぁ、それは楽しみね！) |

| 昨日デートしたの！ | **We went out on a date yesterday!** |
|---|---|

| デートで盛り上がったの！ | **We went out on date and it was really exciting!** |
|---|---|

| 「君といると楽しい」って言われたの。 | **He said "I like spending time with you".** |
|---|---|
| | ≡ He said "I really care about you". (「君のことをすごく気にかけている」って言われたの) |

| サムは私のことが好きだと思う？ | **Do you think Sam likes me?** |
|---|---|

| デビットに家まで送ってもらっちゃった。 | **David drove [walk] me home.** |
|---|---|

| デートの帰り際に手を握られたの。 | **On the way home, he held my hand.** |
|---|---|

| | |
|---|---|
| 心臓がドキドキしちゃった。 | My heart was beating so fast. |
| 「部屋にあがって」って言えなかった。 | I couldn't ask him to come into my apartment. |
| キスしちゃったの、とろけちゃった。 | We kissed, and I melted. |
| 先週末に彼の部屋にお泊まりしちゃった。 | I stayed at his house last weekend. |

## ✒ つきあい・恋人について話す

| | |
|---|---|
| エディに告白されちゃった！ | **Eddy asked me out!** |

🌸 "ask ~ out" には「～をデートに誘う」だけでなく「～に告白する」という意味で使われることもある。

| | |
|---|---|
| エリックとつきあい始めたの。 | **I started seeing Eric.** |
| 彼とはどれくらいつきあっているの？ | **How long have you been with him?** |

⇨ We've been going out for a year.（私たちつきあって1年です）

| | |
|---|---|
| 遠距離恋愛をしているの。 | **We have a long distance relationship.** |

🌸 long distance relationship =「遠距離恋愛」

恋愛・ファッション・ビューティー ― 恋愛について

127

| | |
|---|---|
| 彼と同棲しているの。 | **I'm living with my boyfriend.** |
| どういうふうに知り合ったの？ | **How did you get to know each other?** |
| どんなところが好きなの？ | **What do you like about your boyfriend?** |
| | 🌸 What do you like about ～? =「～のどんなところが好きですか？」 |
| ✓ あなたたちはお似合いだよ。 | **You are made for each other.** |
| | 🌸 直訳すると「お互いのために作られた」という意味。仲のよいカップルによく使われる表現。 |
| フレッドに会える次の週末が待ちきれない。 | **I can't wait to see Fred next weekend.** |
| ジェフからメールの返信がないと、とても寂しい。 | **When Jeff doesn't text me back, I miss him a lot.** |
| | ⇒ I think about him all the time. （いつも彼のことを考えているの） |
| 最近、ベンといてもドキドキしないの。 | **Recently, my heart doesn't skip a beat when I'm with Ben anymore.** |
| | ⇒ My heart used to skip a beat when he looked at me. （前は彼に見つめられるとドキドキしてたのに）<br>🌸 "skip a beat" は「心臓が止まる」という意味から「ドキドキする」「胸がときめく」状態を表す。 |
| 私たち倦怠期みたい。 | **We are going through a rough patch.** |
| | 🌸 going through a rough patch =「倦怠期」。"a rough patch" は「難局」「困難な時期」を意味し「ギクシャクした関係」を表している。 |
| グレッグのだらしのないところが嫌い。 | **Greg is a slob and I hate it.** |
| | 🌸 a slob =「だらしのない」。"slob" は「水浸し」「泥んこ」の意味があり、そこから「しっかりしない」「だらしのない」という表現で使われる。 |

| | |
|---|---|
| つまらないことでフランクとケンカした。 | **Frank and I had a fight over a trivial thing the other day.** |
| | ⇒ How can we make up?（どうしたら仲直りできると思う？）<br>🕮 fight over a trivial thing =「些細なことでケンカをする」。make up =「仲直りする」 |
| エドウィンが浮気しているみたい……。 | **I think Edwin is cheating on me...** |
| | 🕮 cheat on =「浮気する」「裏切る」 |
| アレックスが二股かけているかも……。 | **Alex should be a two-timing me...** |
| | 🕮 two-timing =「二股をかける」「浮気をする」 |

## 🖉 別れについて話す

| | |
|---|---|
| 先週、ドリューと別れたの。 | **I broke up with Drew last week.** |
| スコットから「別れたい」って言われたの。 | **Scott told me that he wanted to break up with me.** |
| マークから「距離を置こう」って言われた。 | **Mark said, "We need a break".** |
| | ⬚ I need some space.（距離を置きたいの） |
| フレッドと別れたいんだけど、どう切り出せばいいと思う？ | **I'm thinking of breaking up with Fred. What should I say?** |
| | ⬅ How about this? "We need to talk. I don't think this is working out".（こんなのはどう？「話があるの。私たちうまくいってないと思う」）<br>🕮 work out =「うまくいく」 |
| ブルーノと別れてから、毎週末とても寂しい。 | **Since I broke up with Bruno, I get lonely, especially on the weekends.** |
| | ⬚ I feel empty without him.（彼がいないとむなしいの） |
| エリックから「よりを戻そう」と言われたの。 | **Eric said "I want to get back together with you".** |
| | 🕮 get back together =「よりを戻す」 |

恋愛・ファッション・ビューティー ― 恋愛について ―

129

# ファッション・コスメについて

✒ ファッションやビューティーについて話す

| そのバッグとても素敵ね。 ✔ | **I love your bag.** |
|---|---|
| | 🌷 "like" や "love" は「素敵ね」「すごくいい！」とほめるときにも使う。 |

| きれいなスカーフね。 | **That is a beautiful scarf.** |
|---|---|

| そのシャツの質感がいいわね。 | **I like the texture of your shirt.** |
|---|---|
| | 🌷 "texture"（質感）の代わりに、"shape"（形）、"color"（色）などを使って具体的にほめることもできるフレーズ。 |

| この靴は履きごこちがいいの。 | **These shoes are comfortable.** |
|---|---|
| | 🌷 "comfortable" は靴では「履きごこちがいい」、服では「着心地がいい」となる。 |

| そのイアリングかわいいね。 | **Those are pretty earrings.** |
|---|---|
| | ⇐ They are handmade.（ハンドメイドなのよ） |

| どこで買ったの？ | **Where did you get them?** |
|---|---|

| ネットで買ったの。 | **I bought them online.** |
|---|---|
| | 🌷 buy online =「ネットで買う」 |
| | 📑 I bought them at an outlet mall.（アウトレットモールで買ったのよ） |

| このスカートに合う靴を買いに行きたいの。 | **I want to get some shoes to match this skirt.** |
|---|---|
| | ⇒ Why don't we go the MARK'S summer sale next weekend?（来週末マークスのサマーバーゲンに行かない?） |
| | 🌷 "bargain" は「お買い得な商品」そのものを表し、"sale" は「特売」や「セール」を表す。 |

| | |
|---|---|
| いくらだったの？ | **How much?** |
| そんなに安くは見えないわ。 | **They don't look so cheap.**<br>≡ It doesn't look that cheap.（それ、そんなに安くは見えないよ） |
| ✓ 今日のコーデとても素敵ね。 | **I like your style today.** |
| センスがいいよね。 | **You have good taste.**<br>🌿 good taste＝「センスがいい」 |
| ケビンはいつもオシャレだよね。 | **Kevin is always stylish.**<br>🌿 stylish＝「洗練された」 |
| このスカートの色、素敵ね。 | **I like the color of this skirt.** |
| 明るい色が似合うね。 | **You look good in bright colors.**<br>🌿 look good in ～＝「～が似合う」 |
| そうかな、ちょっと派手じゃない？ | **Really? I thought it was a little too flashy.**<br>🌿 a little too ～＝「ちょっと～すぎる」。flashy＝「派手」 |
| ✓ そのネクタイいいですね、似合ってますよ。 | **Nice tie, it looks good on you.**<br>🌿 "it looks good on you." は「お似合いですね」と伝えるときの定番フレーズ。 |
| シャツとネクタイがよく合ってますね。 | **Your tie matches your shirt.**<br>🌿 "match" はアイテムの「色合いや質感などが調和している」場合に使われる。 |
| 彼女はとてもブランド志向なんだよ。 | **She is very brand conscious.**<br>🌿 brand conscious＝「ブランド志向の」 |
| 今、これが流行ってるの知ってる？ | **Do you know if this is in fashion at the moment?**<br>🌿 in fashion＝「流行ってる」 |

恋愛・ファッション・ビューティー ― ファッション・コスメについて ―

131

| | |
|---|---|
| その服とてもスリムに見えるわ。 | **Those clothes make you look slimmer.** |
| 彼の帽子どう思う？ | **What do you think about his hat?** |
| | ⇐ Well, it doesn't really look good on him. (うーん、あんまり似合ってないよね) |
| | ⇒ He doesn't care what he wears. (彼は服装には無頓着なんだよね) |
| 髪形を変えた？ | **Have you changed your hairstyle?** |
| | ⇒ You look different. (雰囲気が変わったね) |
| 先週ヘアサロンに行ってきたの。 | **I went to the hair salon last week.** |
| | ⇐ You look gorgeous. (とても華やかよ) |
| どうやってアレンジしてるの？ | **How do you do your hair?** |
| | 🕊 do ~ hair =「~の髪を整える」 |
| どのくらいの頻度で美容室に行くの？ | **How often do you go to the beauty salon?** |
| | 🕊 How often do you ~ ? =「どのくらいの頻度で~しますか？」 |

## 🗨 買い物中の会話

| | |
|---|---|
| ✅ どれがいい？ | **Which would you like?** |
| これはどう思う？ | **What do you think about this?** |
| これ欲しいなぁ。 | **I want this one.** |
| これはお買い得だね！ | **It's a good deal!** |
| これを着てみたら？ | **Why don't you try this on?** |
| | 🕊 try on =「試着する」 |
| 私には少し小さ［大き］そうよ。 | **It looks a little small [big] for me.** |
| | ≡ It's a little big for me. ([試着後に] 私には少し大きいみたい) |

| これがいいわ。 | I'd like this one. |
|---|---|
| すごくかわいいね！ | **This is so pretty!** |
| | ≡ It's so gorgeous.（とても素敵ね） |
| とてもよく似合っているよ。 | This is just perfect for you. |
| プレゼントさせて。 | Let me buy this for you. |
| どう？ 気に入った？ | Do you like it? |
| ええ、とっても！ | Yes, I love it! |
| なんか違う気がする。 | No, not this one. |
| これにする？ | Do you want this one? |
| ちょっと予算オーバーだわ。 | It's a little over my budget. |
| | 🖉 budget =「予算」 |
| 一緒に買わない？ | Why don't we get them together? |
| (まとめ買いで) シェアしない？ | Let's share them. |
| たくさん買いすぎちゃった。 | I bought too much. |

## 🖊 コスメについて話す

| 化粧品はどんなものを使ってるの？ | **What kind of cosmetics do you use?** |
|---|---|
| どこの化粧品を使っているの？ | Which cosmetic brands do you use? |
| オーガニックコスメを使ったことある？ | Have you ever used organic cosmetics? |
| 化粧品は自分の肌に合うものを選ばないとね。 | You need to choose the right cosmetics for your skin. |

| 心配ならパッチテスト をしたほうがいいよ。 | **If you are worried, you should take a patch test.** |
|---|---|

| この保湿液はどんな 効果があるの？ | **What does this moisturizer do?** |
|---|---|
| | ⇐ It keeps your skin moist. （お肌をしっとり保ってくれるの） |
| | ✿ moisturizer =「保湿液」。moist =「しっとりした、潤い」。oily skin =「脂性肌」。dry skin =「乾燥肌」 |

| どうしてこの美容液 は特別なの？ | **What is special about this serum?** |
|---|---|
| | ⇐ It has a skin lightening effect. （美白効果があるんだって） |
| | ✿ serum =「美容液」。skin lightening effect =「美白効果」 |

| 肌年齢を調べてもらっ たの。 | **I took a skin age test.** |
|---|---|
| | ⇒ My skin age is 5 years younger than my actual age. （実年齢より 5 歳若かったわ） |
| | ✿ actual age =「実年齢」 |

| リキッドファンデー ションを使ってます。 | **I use a liquid foundation.** |
|---|---|

| このパウダーファン デーションは持ちが いいの。 | **This powder foundation is long-lasting.** |
|---|---|
| | ✿ long-lasting =「持続する」「長続きする」 |

| このマスカラとって も優秀！ | **This mascara is excellent!** |
|---|---|

| つけまつげをつけて るの？ | **Are you wearing fake eyelashes?** |
|---|---|
| | ✿ fake/false eyelashes =「つけまつげ」 |

134

# スパ・エステサロンでのやりとり

## 🖋 予約する

| 7月30日の夜予約をお願いしたいのですが。 | **I'd like to make a reservation for the night of July 30th.** |
|---|---|
| | 🌸 make a reservation =「予約する」「予約を取る」 |
| スパのスリミングコースを2人お願いします。 | **We'd like to take a slimming course for 2 people.** |
| 150分のコースはいくらですか？ | **How much is the 150-minute course?** |
| 友人と一緒にマッサージを受けたいのですが。 | **I'd like to book a massage with my friend.** |
| 部屋で受けることはできますか？ | **Could I have it in my room?** |
| 何か用意するものはありますか？ | **Should I bring anything?** |
| カードでの支払いはできますか？ | **Do you accept credit cards?** |
| 予約の確認をしたいのですが。 | **I'd like to reconfirm my reservation.** |

## 🖋 入店と受け付けでのやりとり

| ボディマッサージをお願いします。 🅰 | **I'd like to have a body massage.** |
|---|---|
| 7時に予約しました佐藤です。 | **I have an appointment at 7 under the name of Sato.** |

| まだコースを決めていないのですが。 | I haven't decided on which course yet. |
|---|---|

| ✓ どんなコースがありますか? | What kind of courses do you offer? |
|---|---|

⇐ Here is the course menu. (こちらに施術のメニューがございます)

| ✓ おすすめのコースはなんですか? | Which service do you recommend? |
|---|---|

| 脚のむくみに効くマッサージをお願いします。 B | I'd like a massage to reduce the swelling in my feet. |
|---|---|

✎ reduce =「減る」「弱める」

| アロママッサージの60分コースをお願いします。 | I'd like to have a 60-minute aroma massage. |
|---|---|

| (肌質が) 乾燥肌なんです。 C | I have dry skin. |
|---|---|

⇐ Do you have any skin problems? (お肌で気になるところはありますか?)
⇒ I have dry skin. ([肌質が] 乾燥肌なんです)

| 肌荒れが気になります。 D | I'm concerned about my rough skin. |
|---|---|

✎ concerne =「心配している」「興味がある」

| 肩こりがひどいです。 | I have a very stiff neck. |
|---|---|

⇐ Do you have any health concerns? (体調で気になるところはありますか?)
⇒ I have a very stiff neck. (肩こりがひどいです)

| 生理中ですが大丈夫でしょうか? | I'm having my period. Can still I have the treatment? |
|---|---|

## 🖊 施術・マッサージ時のやりとり

| ✓ とても気持ちがいいです。 | I feel good, and relaxed. |
|---|---|

⇐ How do you feel? (いかがですか?)
⇒ I feel good, and relaxed. (とても気持ちがいいです)

| | |
|---|---|
| もう少し強く[弱く]お願いします。 | **Could you do it a little bit stronger [softer], please?** |
| 痛いです。 | **It hurts.** |
| 部屋が暑い［寒い］です。 | **This room is a little hot [cold] for me.** |
| 背中がまだ凝ってます。 | **I still have a stiff back.**<br>⇐ Are there any parts I've missed?（他に凝っているところはありませんか？）<br>⇒ I still have a stiff back.（背中がまだ凝ってます） |
| 気分が悪いのですが。 | **I feel sick.** |
| ありがとう、とてもよかったです。 | **Thank you, you did a wonderful job.** |

**WORDBOOK ワードブック**

**A**

| 全身マッサージ<br>full-body massage | 美顔マッサージ<br>facial massage | 痩身マッサージ<br>body slimming |
|---|---|---|
| ボディパック<br>body wrap | アロママッサージ<br>aroma massage | リフレクソロジー<br>reflexology |

**B**

| 脚のむくみ<br>swelling in my feet | 肩こり<br>stiff neck | 腰痛<br>backache |
|---|---|---|

**C**

| 乾燥肌<br>dry skin | オイリー肌（脂性肌）<br>oily skin | 敏感肌<br>sensitive skin |
|---|---|---|

**D**

| 肌荒れ<br>rough skin | しみ<br>spots | しわ<br>wrinkles |
|---|---|---|
| 毛穴の黒ずみ<br>pores | くま<br>dark circles | たるみ<br>sagging skin |

137

## エステで使う顔や体のパーツ

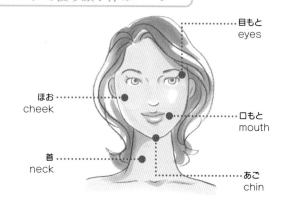

目もと
eyes

ほお
cheek

口もと
mouth

首
neck

あご
chin

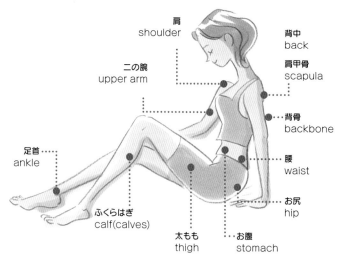

肩
shoulder

背中
back

二の腕
upper arm

肩甲骨
scapula

背骨
backbone

足首
ankle

腰
waist

お尻
hip

ふくらはぎ
calf(calves)

太もも
thigh

お腹
stomach

あおむけ
lie on your back

うつ伏せ
lie on your stomach

# ネイルサロンでのやりとり

## ✎ 入店や施術時のやりとり

| | |
|---|---|
| ✓ ネイルケアをお願いしたいのですが。 | **I'd like to get my nails done.** |
| ✓ 一番人気のあるスタイルはどれですか？ | **What's the most popular style?** |
| このデザイン〔色〕にしてください。 | **I'd like this design [color].** |
| マニキュアをお願いします。 | **I'd like a manicure, please.**<br>≡ I'd like my nails sculpting. (スカルプをお願いします)<br>≡ I'd like to have some gel nails. (ジェルネイルをお願いします) |
| ✓ フレンチネイルにしてください。 Ⓐ | **I want a French nail.** |
| 赤みがかったピンクにしてください。 | **I prefer reddish-pink.**<br>⇐ Which color would you like? (マニキュアの色はどれがいいですか？)<br>⇒ I prefer reddish-pink. (赤みのかかったピンクにしてください) |
| オーバルにしてください。 Ⓑ | **Could you shape my nails into ovals?**<br>⇐ What shape would you like? (爪の形はどうしますか？)<br>⇒ Could you shape my nails into ovals? (オーバルにしてください) |
| ストーンを付けてください。 | **I want my nails decorating with stones.** |

139

| 小指に付けてください。 c | **I'd like it on my little finger.** |
|---|---|
| | ⬅ Which fingernails would you like to have nail art on?（[アートは]どの指に付けますか？）<br>➡ I'd like it on my little finger.（小指に付けてください） |
| どのくらいもちますか？ | **How long do they last?** |
| | ⬅ They will last for a month.（1ヶ月程もちます） |
| ハンドケアもやってもらえますか？ | **Could I have the hand care course too?** |
| 爪の表面にひび割れがあるんです。 | **There are cracks on my nails.** |
| | ➡ What causes this problem?（何が原因なんでしょう？） |

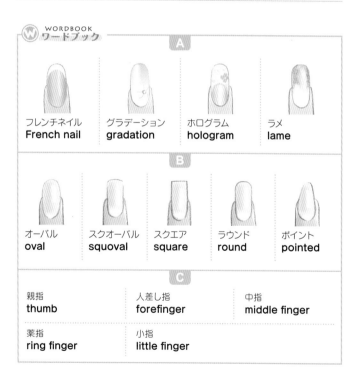

WORDBOOK
ワードブック

**A**

| フレンチネイル<br>French nail | グラデーション<br>gradation | ホログラム<br>hologram | ラメ<br>lame |
|---|---|---|---|

**B**

| オーバル<br>oval | スクオーバル<br>squoval | スクエア<br>square | ラウンド<br>round | ポイント<br>pointed |
|---|---|---|---|---|

**C**

| 親指<br>thumb | 人差し指<br>forefinger | 中指<br>middle finger |
|---|---|---|
| 薬指<br>ring finger | 小指<br>little finger | |

# ダイエット・健康 について

## ✎ ダイエットについて話す

| | |
|---|---|
| ✓ 今、ダイエット中なの。 | **I'm on a diet.**<br>⇐ You don't need to be. (そんな必要ないよ) |
| 最近、ダイエットを始めたの。 | **I'v been trying to lose weight recently.** |
| ✓ 何かダイエットのためにしていることってある？ | **Are you doing something to lose weight?**<br>⇐ Nothing special, but I check my weight everyday. (特にないけど、毎日体重は測っているわ) |
| 定期的に運動してる？ | **Do you exercise regularly?** |
| ダイエットのため、週2でジムに通っているの。 | **I want to lose weight, so I go to the gym twice a week.** |
| ヨガで4キロ痩せたの。 | **I lost 4 kg from doing yoga.** |
| 筋トレしてる？ | **Have you been working-out?**<br>⇐ I do sit-ups every day. (私は毎日腹筋しているわ)<br>⇒ I do 30 sit-ups and push-ups every day (毎日腹筋と腕立てを30回してるよ)<br>🌸 work-out =「筋トレ」。sit-up =「腹筋」。push-up =「腕立てふせ」 |
| 半身浴はダイエットにもお肌にもいいのよ。 | **Taking a shallow bath benefits the skin and losing weight.**<br>🌸 shallow =「浅い」 |

| 食生活に気をつけて いるわ。 ✓ | **I watch my diet.** |
| --- | --- |
| | 🌶 "diet" には「ダイエットする」の他に「食生活」や「食事」など「食事制限」以外の使われ方もある。 |

| お昼はサラダだけに しています。 | **I only eat salads for lunch.** |
| --- | --- |
| | ⇐ You can't skip your meal.（食事は抜いちゃダメよ） |

| 夜は、炭水化物を抜 いています。 | **I try not to eat carbs at night.** |
| --- | --- |
| | 🌶 carbs (carbohydrates) =「炭水化物」<br>⇐ I'm on a low carb diet.（炭水化物ダイエットをしています） |

| 食事制限って大変そ うね。 | **Caloric restriction sounds hard.** |
| --- | --- |
| | 🌶 caloric restriction =「カロリー制限」 |

| ダイエット食品って どう思う？ | **What do you think about diet products?** |
| --- | --- |

| ダイエットサプリっ て効くと思う？ | **Do you think weight loss supplements really work?** |
| --- | --- |
| | ⇐ We can't lose weight by just taking a pill.（飲むだけで痩せられるなんてことはないよ） |

| この前、話していた 豆腐ダイエット続い てる？ | **Are you still on tofu diet that you told me about last time?** |
| --- | --- |
| | ⇐ I gave up.（ダメだった） |

| | |
|---|---|
| 9時以降は食べないって決めたの。 | **I won't eat anything after 9.** |
| お酒がやめられなくて、太っちゃう。 | **I can't stop drinking and so I am getting fat.** |
| つい、寝る前に食べちゃうの。 | **I can't help snacking before going to bed.** |

🐾 snacking＝「間食」

| | |
|---|---|
| お腹空いたときどうしている？ | **What do you do when you get hungry?** |

⬅ I try to eat yogurt which acts as appetite suppressant.（ヨーグルトを食べるようにしているわ。食欲を抑えてくれるのよ）
🐾 appetite suppressant＝「食抑制限剤」

| | |
|---|---|
| ✓ （ダイエットに成功して）3キロ痩せたの！ | **I've lost 3 kg!** |
| 少し太ったみたい。 | **I'm putting on a little weight.** |
| ✓ ダイエット失敗！リバウンドで体重が元に戻っちゃった……。 | **I failed with my diet! I gained all the weight back.** |
| ダイエットしてもリバウンドしちゃうのはどうしてだろう。 | **Why do I put weight back on after dieting?** |

🖊 健康について話す

| | |
|---|---|
| ✓ 健康維持のために何をしている？ | **What do you do to keep fit?** |

🐾 keep fit＝「健康を維持する」

| | |
|---|---|
| 健康のためジョギングをしているよ。 | **To stay fit, I do jogging.** |

🐾 stay fit＝「健康を維持する」

| | |
|---|---|
| 最近、ジョギングを始めたのよ。 | **I started jogging recently.** |

| できるだけ歩くように心がけているの。 | I try to walk as much as I can. |
|---|---|
| 早起きが一番大切だと思うわ。 | **Getting up early is the most important thing.** |

⇐ You are so energetic!（あなたはいつもエネルギッシュよね）

| どうやってストレス解消してますか？ | **How do you deal with stress?** |
|---|---|

⇐ I take time out to relax.（ゆっくりリラックスする時間を取るようにしています）

🌿 deal with＝「解消しようとする」。take time out to ～＝「～するために時間を取る」

| 会社で健康診断ってある？ | **Does your company provide medical checkups?** |
|---|---|

🌿 medical checkups＝「健康診断」

| 血糖値［血圧］が高いの。 | **My blood sugar level [blood pressure] is high.** |
|---|---|

🌿 blood sugar level＝「血糖値」。blood pressure＝「血圧」

| お酒を控えないとね。 | **You need to cut down on your drinking.** |
|---|---|

🌿 cut down on＝「量を減らす」

| 医者に塩分を控えるようにって言われたよ。 | **The doctor told me to cut down on salt.** |
|---|---|

| このサプリ毎日飲んでるの。 | **I take this supplement every day.** |
|---|---|

| 体脂肪を減らしてくれるの。 | **It reduces body fat.** |
|---|---|

🌿 body fat＝「体脂肪」

# Chapter 7

# マネー・ニュース・ビジネス

Money・News・Business

Chapter 7
Money · News · Business

# マネーについて

## ✎ お金について話す

| | |
|---|---|
| あなたは家計のやりくりが上手ね。 | **You manage the family budget well.**<br><br>🌿 family budget =「家計」 |
| 彼女は倹約家ね。 | **She is frugal.**<br><br>≣ He is stingy.（彼はケチだよね）<br>🌿 frugal =「倹約な」。stingy =「ケチな」 |
| 今月は金欠なんだ。 | **I'm broke this month.**<br><br>≣ It's tight this month.（今月はきついんだ） |
| 今月はお金を使いすぎちゃったよ。 | **I spent too much money this month.** |
| 節約しなきゃ。 | **I need to save money.** |
| ✔ 日本は物価が高いよね。 | **In Japan, prices are high.** |
| ✔ あなたの国の物価と比べてどうですか？ | **How are the prices in your country compared to Japan?**<br><br>🌿 compared to 〜 =「〜と比べて」 |
| 東京の家賃は他の都市に比べて高いですね。 | **The cost of rent in Tokyo is high compared to other cities.** |
| 野菜の値段がとても高い。 | **The prices of vegetables are too expensive.** |
| 牛丼のように安くておいしいものもたくさんあります。 | **There are lots of cheap and delicious items like beef bowl.** |

| | |
|---|---|
| ガソリンが値上がりしています。 | **Gas prices are on the rise.** |
| 生活費を節約しないといけないわ。 | **We need to save on living costs.** |
| クレジットカードの支払い日は明日だった。 | **My credit card bill is due tomorrow.** |
| | 🐾 credit card bill is due =「クレジットカードの支払い期日」 |
| カードの支払い分を取り分けておかなくちゃ。 | **I have to spare some money for my credit card bill.** |
| | 🐾 spare =「取っておく」 |
| 新車を買うためにローンを組みました。 | **I took out a loan to get a new car.** |
| | 🐾 take out a loan =「ローンを組む」 |

## ✒ 給料・ボーナスについて話す

| | |
|---|---|
| 明日は給料日だ！ | **Tomorrow is payday!** |
| | 🐾 payday =「給料日」 |
| 給料日まであと1週間もあるよ。 | **Payday is 1 week away.** |
| | ☰ Money is tight this month.（今月はギリギリだな） |
| うちの会社の給料はかなり安いんだ。 | **The pay at my company is quite low.** |
| | 🐾 pay =「給料」 |
| 彼は稼ぎがいいんだ。 | **He earns a good salary.** |
| | 🐾 earn =「稼ぐ」。salary =「給料」 |
| ボーナスは出た？ | **Did you get a bonus?** |
| 来月ボーナスが出るよ。 | **I'll get my bonus next month.** |
| ボーナスの使い道は？ | **How will you spend your bonus?** |

| | |
|---|---|
| ボーナスで何を買うつもり？ | What are you going to buy with your bonus? |
| 奮発してバッグを買うわ。 | I'll splurge on a bag.<br>🖢 splurge =「贅沢する」「派手にお金を使う」 |
| 夏休みに家族で行くハワイ旅行の資金にします。 | I'll save it for a family trip to Hawaii for our summer vacation. |
| 新しいギターが欲しいな。 | I want a new guitar. |
| 新しいスマホに買い替えます。 | I'll get a new smart phone. |
| 株投資を始めようと思って。 | I'm thinking to investing in stocks.<br>🖢 invest in ～=「～に投資する」。stock =「株」 |
| 半分は貯金に回そうかな。 | I'll save half of my bonus. |
| ローンの支払いにあてるよ。 | I'll allot my bonus for paying off a loan.<br>🖢 allot =「あてる」「割り振る」 |
| ボーナスが減らされちゃったよ。 | Our bonuses were reduced.<br>🖢 reduced =「減らされる」「削減される」 |

## 📝 経済ニュースについて話す

| | |
|---|---|
| ✔ 景気はどうですか？ | How's business?<br>⇐ Things are moving up.（景気はいいよ）<br>⇐ Things are in decline.（よくないね） |
| 経済が回復してくれるといいんですが。 | I hope the economy will improve. |

| | |
|---|---|
| 首相は増税を決定しました。 | **The prime minister has decided to increase taxes.** |
| | 🎐 prime minister =「首相」。increase taxes =「増税」 |
| 政府は消費税を引き上げ予定です。 | **The government plans to raise consumption tax.** |
| | 🎐 consumption tax =「消費税」 |
| 不景気のあおりを受けるのはしょうがないね。 | **It can't be helped that we have been affected by the recession.** |
| | 🎐 affected by the recession =「不景気のあおりを受ける」 |
| 株価が20年ぶりに高い価格になりました。 | **The stock market is at it's highest in 20 years.** |
| | ⇐ My stock price has risen.（私の持っている株も値上がりしたわ） |
| | ⇒ Oh, I should have bought some stocks.（あぁ、私も株を買っておけばよかった） |
| 宅配料金が値上げされるそうです。 | **It seems the courier will raise the delivery fees.** |
| | ⇐ It's because of the staff shortage.（充分な人手がないからですね） |
| | 🎐 courier =「宅配便業者」。shortage =「不足」 |
| ABC自動車の社長が交代したそうですね。 | **Apparently, the CEO of ABC automobile company has changed.** |
| 業界最大手のXYZストアが経営破綻しました。 | **The industry leader XYZ Store went bankrupt.** |
| | 🎐 the industry leader =「業界最大手」。go bankrupt =「経営破綻する」 |
| PPスキーリゾートが外国人観光客で儲かっています。 | **PP Ski Resort profits from foreign tourists.** |
| | 🎐 profit =「儲ける」 |

# 社会ニュースについて

 社会全般のニュースについて話す

| | |
|---|---|
| ✓ 最近気になるニュースはありますか？ | **Is there any news that you are interested in?** |
| 訪日外国人が3000万人を超えたそうです。 | **I heard the number of foreign visitors is over 30 million.** |
| | ⇐ I really have to study English.（私も英語を勉強しなきゃ） |
| 新製品のチョコが大ヒットで生産が間に合わないんだそうです。 | **Their new chocolate product is a big hit and supply cannot keep up with the demand.** |
| | 🕊 supply cannot keep up with the demand＝「供給が需要に追いつかない」 |
| フリマアプリが流行っているらしいです。 | **Flea market applications seem popular.** |
| | ⇐ I've sold a bag on flea market app.（フリマアプリでバッグを売ったことがあります） |
| 10万円の福袋がよく売れているそうです。 | **Hundred thousand yen lucky bags sell well.** |
| | 🕊 hundred thousand＝「10万（100,000）」。数字を3桁ごとに ","（カンマ）で区切るのは、英語で表現しやすくするため。 |
| 帰省ラッシュで40kmの渋滞だそうです。 | **The homecoming rush is over 40 km.** |
| | 🕊 homecoming rush＝「帰省ラッシュ」 |
| 新幹線の乗車率が180％を超えています。 | **The occupancy rates of the bullet trains are over 180%.** |
| | 🕊 occupancy rate＝「乗車率」。bullet train＝「新幹線」「超特急列車」 |

| 東名高速で大きな事故があったようです。 | **The report said there was a big accident on the Tomei expressway.** |
|---|---|
| | 🌸 expressway =「高速道路」 |

| インフルエンザが流行っているそうです。 | **Apparently, it's already a flu season.** |
|---|---|
| | 🌸 apparently =「見たところでは」「明らかに」。flu season/influenza season =「インフルエザ流行期」 |

| 歩きスマホの事故が増えていますね。 | **Accidents caused by people looking at their phones while walking are increasing.** |
|---|---|
| | 🌸 looking at their phones while walking =「歩きスマホ」 |

| 女性経営者の割合が20％を超えたそうですね。 | **The proportion of woman managers is over 20%.** |
|---|---|

| 来年の就職活動は売り手市場になるみたいです。 | **There will be high demand for recruiting new graduateds next year.** |
|---|---|
| | 🌸 demand for =「需要」。recruit =「採用する」 |

| パートの正社員化が進んでいますね。 | **More and more companies are converting their part-time workers into permanent employees.** |
|---|---|

| 貧困と高齢化は大きな社会問題になっています。 | **Poverty and an aging population are the big social issues.** |
|---|---|
| | 🌸 poverty =「貧困」。aging population =「高齢化」。social issue =「社会問題」 |

## 🖊 教育・福祉について話す

| 小学校の英語が教科として本格的になっています。 | **English is a regular subject in elementary schools.** |
|---|---|
| | 🌸 compulsory subject =「必修科目」。elective subject =「選択科目」 |

| 幼児教育が無償化されるそうです。 | **Early childhood education will be provided free of charge.** |
|---|---|
| | 🌿 Early childhood education =「幼児教育」「就学前教育」。provide =「供給する」 |
| まだ多くの待機児童がいるそうです。 | **It seems many children are still on the waiting list for day care centers.** |
| 地方の医師不足は日本の深刻な問題です。 | **The shortage of doctors in rural areas is a serious problem in Japan.** |
| | 🌿 rural area =「農村地域」 |
| 今年は医療系の大学が人気です。 | **Medical college is popular this year.** |

## ✏️ 環境について話す

| 環境のために何かしていることありますか？  | **Are you doing anything for the environment?** |
|---|---|
| | 🌿 environment =「環境」 |
| リサイクルを心がけています。 | **I try to recycle things.** |
| できるだけ公共交通機関を使っています。 | **I try to use public transportation whenever I can.** |
| エルニーニョの影響で暖冬だそうです。 | **Due to El Niño, this winter will be warmer than usual.** |
| 地球温暖化が原因ですね。 | **That's because of global warming.** |
| | 🌿 global warming =「地球温暖化」 |

152

Chapter 7
Money · News · Business

# その他のニュースについて

## 🖋 国際ニュースについて話す

| | |
|---|---|
| 次のアメリカ大統領は誰になると思いますか？ | **Who do you think will be the next president of the United States?** |
| 今度、フランスの大統領が来日するそうです。 | **The president of France will visit Japan.**<br>⇐ Who is it?（誰だっけ？） |
| もっと世界情勢に関心を持たないとなりません。 | **We need to take more interest in world affairs.**<br>🍃 world affairs =「国際情勢」 |
| 中東問題の影響でガソリンの値段が上がっています。 | **The Middle Eastern problem has caused the rise of gas prices.** |
| またテロリストがヨーロッパを攻撃しましたね。 | **There was another terrorist attack in Europe.** |
| EUの独立問題はどうなるのでしょう？ | **What's going on with the independence issue in the EU?**<br>🍃 independence issue =「独立問題」 |
| 日韓関係は改善するといいですね。 | **I hope the relationship between Japan and Korea will improve.**<br>≡ I hope Japanese-Korean relations will get better.（日本と韓国の関係がよくなることを願います） |

153

| 日本のアニメがイギリスで大ブームだそうです。 | **Japanese anime has become a fad in England.** |
|---|---|

🌱 become a fad =「ブームになる」。"fad" は「一時的な流行」を指し、"trend" は「長期的に流行っている」ことを示す。

| ドバイに世界一高い超高層ビルが完成したそうです。 | **Construction of the world's highest sky-scraper has been completed in Dobai.** |
|---|---|

🌱 sky-scraper =「超高層ビル」

| 香港はアジアで一番物価が高いです。 | **Prices in Hong Kong are the highest throughout Asia.** |
|---|---|

⇐ A cup of coffee costs 800 yen. (コーヒー1杯が約800円だって)

| ペルーで大きな地震があったらしいです。 | **There was a huge earthquake in Peru.** |
|---|---|

⇐ I hope everybody's all right. (無事を願うよ)

| タイムズスクェアのカウントダウンをテレビで見ましたよ。 | **I watched the New Year's Eve countdown in Times Square on TV.** |
|---|---|

## ✐ 科学・技術ニュースについて話す

| ノーベル物理学賞の受賞者に新星女史が選ばれました。 | **Ms. Shinsei won the Nobel Prize in Physics.** |
|---|---|

⇒ Only 48 Women have won the Nobel Prize. (ノーベル賞を受賞した女性は48人だけなんだって)

| 人工知能（AI）の企業への導入が進んでいますね。 | **Many companies have started to introduce artificial intelligence into their businesses.** |
|---|---|

🐾 artificial intelligence（AI）=「人工知能」
⇐ It was also introduced into our workplace.（私の職場でも導入されましたよ）

| サイバー攻撃でクレジットカード情報100万人分が流失しました。 | **Hackers stole the credit card data of a million people.** |
|---|---|

≡ I'm worried. Is my private information safe?（私の個人情報は大丈夫かしら？）

| 自動運転車が発売されたそうです。 | **The self-driving car is now on sale.** |
|---|---|

| VRテレビの市場が広がっていますね。 | **The market share of virtual reality TV is expanding.** |
|---|---|

🐾 Virtual Reality(VR) =「仮想現実」

| ドローンの配送サービスが始まりましたね。 | **Drone delivery services have started.** |
|---|---|

| 電気自動車の普及率は60%を超えています。 | **The adoption rate of electric cars is over 60%.** |
|---|---|

🐾 adoption rate =「普及率」

| JAXAが最新ロケットの打ち上げに成功しました。 | **JAXA successfully launched its latest rocket.** |
|---|---|

🐾 launch =「発射する」「打ち上げる」

| 2030年には火星旅行も可能になるそうです。 | **It will be possible to travel to Mars by 2030.** |
|---|---|

⇐ I want to go!（行ってみたいな）

## 🖉 政治ニュースについて話す

| もうすぐ選挙ですね。 | **We'll have an election soon.** |
|---|---|

🐾 Upper House =「参議院」。Lower House =「衆議院」

| | |
|---|---|
| 日本は選挙権を18歳に引き下げました。 | **Japan has lowered the voting age to 18.** |

⇨ What is the voting age in your country?（あなたの国の選挙権年齢はいくつですか？）

| | |
|---|---|
| 婚活支援法案が可決されたそうです。 | **"Konkatsu" support bill was passed.** |

🖋 bill passed =「（法案が）可決される」
⇨ "Konkatsu" means to look for her future partner.（「婚活」というのは将来のパートナーを探すことです）

| | |
|---|---|
| 女性議員の活躍が目立ちますね。 | **The accomplishments of the female Diet members are outstanding.** |

🖋 Diet member =「国会議員」。outstanding =「傑出した」「目立った」

| | |
|---|---|
| 政府の支持率が60%を超えたそうです。 | **Appartently, support for government is over 60%.** |

🖋 appartently 〜 =「どうやら〜らしい」。support =「支持する」

| | |
|---|---|
| 憲法を改正するって本当でしょうか？ | **Will the government really revise the Constitution?** |

| | |
|---|---|
| 野党議員が新党を結成するそうです。 | **Members of opposition party are going to form a new party.** |

🖋 government party =「与党」。opposition party =「野党」

| | |
|---|---|
| 国会議員の年収2000万円もあるって知ってました？ | **Did you know that Diet members earn 20 million yen a year?** |

⇦ Do they earn that much?（そんなにもらってるの？）
⇨ Japanese Diet members earn the most compared to other countries.（世界一の高給だって）
🖋 earn =「収入を得る」「稼ぐ」

| | |
|---|---|
| また国会議員の不祥事だよ。 | **Did you hear that? There is another scandal of a Diet member.** |

## 📝 職場での会話

| ✓ 仕事はどう？ | **How's your job?** |
|---|---|
| 今のところ順調かな。 | **So far, so good.** |

| 新しいプロジェクト を任されたの。 | **I'm in charge of a new project.** |
|---|---|

≡ My boss delegated a new project to me. (上司から新しいプロジェクトを任されたんだ)

🐤 in charge of 〜＝「〜を任せられて」。delegat ＝「任す」「委任する」

| 部長にほめられたの。 | **The general manager told me that I was doing a good job.** |
|---|---|

| これから打ち合わせ なんだ。 | **I have a meeting right now.** |
|---|---|

| 明日は研修があるん だ。 | **I'm on a training course tomorrow.** |
|---|---|

⇒ All new employees are sent on a two-week training course. (新入社員は全員2週間の研修に参加します)

🐤 employees ＝「従業員」。"new employees" で「新入社員」になる。

| プレゼンの資料作り が間に合わないよ。 | **I don't think I can put together the presentation material in time.** |
|---|---|

⇐ Are you all set for the presentation? (プレゼンの準備はできた？)

⇒ I don't think I can put together the presentation material in time. (プレゼンの資料作りが間に合わないよ)

🐤 material ＝「資料」。"material" には他にも「原料」「材料」などさまざまな意味があり、"presentation material" で「プレゼンの資料」となる。

| 今日も残業で遅くなりそう。 | **I have to work overtime again.** |
|---|---|
| ✓ | ← Today was another tough day.（今日も大変な一日だったね） |

| 取引先とトラブルが起きちゃって。 | **We are having some trouble with one of our clients.** |
|---|---|

| お客さんに叱られちゃった。 | **A customer told me off.** |
|---|---|
| | 🖉 tell off ～ =「～を叱る」。親が子どもを叱る場合の"scold" は、最近ではあまり使われない。 |

| 人手不足で忙しいの。 | **We're busy because we're shorthanded.** |
|---|---|
| | 🖉 shorthanded =「人手不足」 |

| 忙しすぎてヘトヘトだよ。 | **It was a busy day. I'm beat.** |
|---|---|
| | 🖉 I'm beat. =「ヘトヘトに疲れた」「くたくた」 |

| 覚えることが多くて大変よ。 | **It's tough, there are so many things to remember.** |
|---|---|

| 彼って仕事の話になるとよくしゃべるのよね。 | **When it comes to business, he becomes talkative.** |
|---|---|
| | 🖉 When it comes to ～ =「～のことになると」。become talkative =「おしゃべりになる」 |

## 🖋 転職について話す

| 転職しようと思っているんだ。 | **I'm considering a job transfer.** |
|---|---|
| ✓ | 🖉 job transfer =「転職」 |

| どうして、仕事辞めるの？ | **Why do you want to quit your job?** |
|---|---|

| ネイリストになりたいの。 | **I want to be a manicurist.** |
|---|---|
| | ⇒ It's been my dream for a long time.（ずっと夢だったの） |

# Chapter 8
# 家族との会話
Talking with family

# 起床から就寝まで

## 🖋 起床時の会話

| | |
|---|---|
| おはよう、起きる時間よ。 | **Good morning, it's time to get up.** |
| 昨日はよく眠れた？ | **Did you sleep well last night?** |
| ぐっすり寝られたよ。 | **I slept soundly.**<br>🌿 sleep soundly =「熟睡」<br>≣ I slept well.（よく寝たよ） |
| 起きないと遅刻するよ！ | **Wake up, or you'll be late!**<br>🌿 " 命令文 or ○○ " で、「～しなさい、さもないと○○」という意味。 |
| あと5分……。 | **Just 5 more minutes...** |
| まだ眠いよ。 | **I'm still sleepy.** |
| 夜更かしするからよ。 | **You stayed up late last night.**<br>🌿 "stayed up late" は「遅くまで起きている」という意味から「夜更かし」を表す。 |
| 3時まで寝付けなかったんだ。 | **I was tossing and turning until 3 a.m.**<br>🌿 toss and turn =「(眠れなくて) 寝返りを打つ」 |
| 今、何時かわかってる？ | **Do you know what time it is?** |
| うそ、寝過ごしちゃった！ | **Oh no, I've overslept!**<br>🌿 overslept =「寝過ごす」 |

| | |
|---|---|
| 目覚まし止めて二度寝したでしょ。 | **You turned off the alarm clock and went back to sleep.** |
| | ⇐ The alarm clock didn't ring.（目覚ましが鳴らなかったんだよ） |
| 朝ごはん用意できたわよ。 | **Breakfast is ready.** |
| うーん、コーヒーのいい香り。 | **I love the aroma of coffee.** |
| パンはトーストする？ | **Would you like your bread toasted?** |
| 今朝はフルーツだけでいいよ。 | **I'll just have some fruit this morning.** |
| 朝食は抜きで、もう行かなきゃ。 | **I have to go. I'll skip breakfast.** |

家族との会話 ― 起床から就寝まで ―

## 📝 身支度のときの会話

| | |
|---|---|
| うわ、寝ぐせが直らないよ。 | **Oh, I can't fix my bedhead.** |
| | 🌱 bedhead =「寝ぐせ」 |
| 髪の毛をとかさないと。 | **I have to comb my hair.** |
| 顔を洗って歯を磨いておいてね。 | **Wash your face and brush your teeth.** |
| コンタクトがうまく入らない。 | **I'm having trouble putting in my contact lenses.** |
| | ⇐ What's wrong? Your eyes are bloodshot.（どうしたの？　目が真っ赤だよ） |
| | ⇒ I'm having trouble putting in my contact lenses.（コンタクトがうまく入らない） |
| | 🌱 having trouble 〜 =「〜がうまくいかない」「〜に手こずる」。bloodshot =「充血した」 |
| 水を出しっぱなしにしないで！ | **Don't leave the water running!** |

| 今日は何を着ようかな。 | **What should I wear today?** |
|---|---|
| ✓ | ≡ I can't decide what to wear.（服がなかなか決められない） |

| どっちのブラウスがこのスカートに合うと思う？ | **Which blouse matches this skirt?** |
|---|---|

| 暖かい格好していったほうがいいよ。 | **You'd better dress warmly.** |
|---|---|

| シャツが出てるよ。 | **Your shirt is hanging out.** |
|---|---|
| | 🖋 "hanging out" は「シャツの裾が出てるよ」というニュアンス。子どもの服装が乱れているときにも使える。 |

## 🖋 通勤・通学についての会話

| ✓ いってきます。 | **Bye, see you later.** |
|---|---|
| ✓ いってらっしゃい。 | **Have a good day.** |
| ✓ 気をつけてね。 | **Take care.** |

| 忘れ物はない？ | **Do you have everything?** |
|---|---|
| | ⇐ Oh, I forgot my homework!（宿題忘れた！） |

| テーブルの上の書類を取ってくれる？ | **Can you pass me the papers on the table?** |
|---|---|

| お弁当を忘れないでね。 | **Don't forget your lunch.** |
|---|---|

| 今日は何時に帰る？ | What time will you be coming home? |
|---|---|
| まだわからないな、電話するよ。 | I'm not sure yet. I'll call you. |
| 今日は晩ごはんいらないからね。 | I won't be having dinner today. |
| 折りたたみ傘を持っていったら？ | Why don't you bring a folding umbrella? |

🌿 folding umbrella =「折りたたみ傘」

| バスに乗り遅れそう。 | I'll miss the bus. |
|---|---|
| 渋滞にはまっちゃった。 | I'm stuck in a traffic jam. |
| 今日は電車が遅れてるな。 | The trains are delayed today. |
| 定期が切れてる！ | My train pass has expired! |

🌿 expire =「終わる」「満期になる」

## 帰宅時の会話

| ただいま。 | I'm home. |
|---|---|
| 今日は帰りが遅かったね。 | You came home late today. |
| 今日はどうだった？ | How was your day? |
| 忙しい一日だったよ。 | I had a long day. |
| お疲れさま。 | You must be tired. |

🌿 ねぎらいの気持ちを込めてかける定番のフレーズ。"must be"（違いない）+ "tired"（疲れた）という意味から、日本語の「お疲れさま」という表現になる。

| 食事は済ませた？ | Have you eaten already? |
|---|---|

## 🗒 食事のときの会話

| | |
|---|---|
| お腹ペコペコだよ。 | **I'm starving.** |

> 🏷 "I'm starving." は "I'm hungry." よりも大げさな言い方。
> ≡ I'm starving to death.（お腹がすいて死にそうだ）

| | |
|---|---|
| 今日のご晩飯は何？ | **What's for dinner today?** |
| 今日はあなたの好きなハンバーグよ。 | **Today is your favorite, hamburger steak.** |
| とってもいい匂い | **It smells really good.** |
| ✔ おいしそう！ | **It looks good!** |
| つまみ食いはダメよ。 | **Don't sneak any.** |

> 🏷 sneak =「コソコソする」

| | |
|---|---|
| 味見してるんだよ。 | **I'm just tasting it.** |

> ≡ Let me taste it!（味見させて！）

| | |
|---|---|
| ✔ いただきます。 | **Let's eat!** |

> 🏷 英語には「いただきます」にあたる言葉がないため、「さあ、食べましょう」というニュアンス。

| | |
|---|---|
| 温かいうちに食べよう。 | **Let's eat while it's hot.** |
| このサンマとってもおいしいね。 | **This Pacific saury is really delicious.** |

> 🏷 Pacific saury =「サンマ」

| | |
|---|---|
| やっぱり旬のものを食べるのはいいね。 | **I love eating food that's in season.** |

> 🏷 in season =「季節にあった」「旬のもの」

| | |
|---|---|
| おかわりは？ | **Do you want some more?** |
| もうお腹いっぱい。 | **I'm full.** |

> ≡ I've had plenty.（十分いただきました）
> 🏷 plenty =「たくさん」「たっぷり」

## 📄 お風呂についての会話

| | |
|---|---|
| ✔ お風呂が沸いてるよ。 | **The bath is ready.** |

| 今日はゆっくりお風呂に浸かるといいよ。 | **You can take a nice relaxing bath.** |
|---|---|

| 湯加減はどう？ | **How's the bath water?** |
|---|---|

    ⬅ Just perfect.（とても気持ちいいよ）
    ⬅ It's not hot enough.（ちょっとぬるいかな）

| 追い焚きするね。 | **I'll reheat the bath.** |
|---|---|

    🌸 reheat =「追い焚きする」

| 熱い！ | **It's too hot!** |
|---|---|

| シャンプーがもうないよ。 | **We are almost out of shampoo.** |
|---|---|

    🌸 "out of ～" は「使い切ってもうなくなった」状態を表す。

| 新しいシャンプーはどう？ | **How is the new shampoo?** |
|---|---|

    ⬅ My hair is nicely moisturized.（髪がしっとりしてる）

## 📄 就寝時の会話

| | |
|---|---|
| ✔ そろそろ寝ようかな。 | **I guess I'm going to bed.** |

| あくびが止まらない。 | **I can't stop yawning.** |
|---|---|

    🌸 yawning =「あくびをする」

| もう寝る時間よ。 | **It's time to go to bed.** |
|---|---|

| まだ眠くないよ。 | **I'm still not sleepy.** |
|---|---|

| 眠れないよ……。 | **I can't get to sleep...** |
|---|---|

| おやすみ。 | **Good night.** |
|---|---|

| いい夢を見てね。 | **Sweet dreams.** |
|---|---|

    ≡ Sleep tight.（ぐっすり寝てね）

# 家事について

## 📑 家事一般についての会話

| | |
|---|---|
| ✓ 手伝ってくれる？ | **Can you help me?** |
| | ≡ Do you want to try it?（やってみる？） |

| | |
|---|---|
| テーブルを片付けてくれる？ | **Can you clean the table?** |

| | |
|---|---|
| お皿を並べてくれる？ | **Can you set the table?** |

| | |
|---|---|
| お米を研いでくれる？ | **Can you wash the rice?** |

| | |
|---|---|
| 洗い物を手伝ってくれると助かるわ。 | **Can you help me with the dishes?** |
| | 🌱 Can you help me with ～ ? =「～を手伝ってくれますか？」。with the dishes =「皿洗いをする」 |

| | |
|---|---|
| 食器はどこにしまえばいいの？ | **Where should I put these dishes?** |
| | ⇐ Please put them in the cabinet over there.（そこの食器棚にしまって） |

| | |
|---|---|
| グラスを割っちゃった。 | **I have broken a glass.** |
| | ⇐ Be careful!（気をつけて！） |

| | |
|---|---|
| 食材の買い出しに行かなくちゃね。 | **We need to go and buy some groceries.** |
| | 🌱 groceries =「食料品」 |

| | |
|---|---|
| 牛乳をきらしちゃった。 | **We are out of milk.** |
| | 🌱 out of ～ =「～をきらして」「～が不足して」 |

| | |
|---|---|
| ✓ 帰りにティッシュを買ってきてくれる？🅰 | **Can you get some tissues on your way home?** |
| | 🌱 on your way home =「帰りに」。「ティッシュ」は米国では "Kleenex" という言い方も使われる。 |

| | |
|---|---|
| 花に水をあげて。 | **Can you water the flowers, please?** |
| | ⇒ Can you pull up the weeds in the yard, too?<br>（草むしりもしておいてね）<br>🌸 weed ～＝「雑草」 |
| 出かけるときにゴミ<br>を出してね。 | **Take out the trash when you leave.** |
| | 🌸 take out ～＝「～を出す」。"trash" は「一般ゴミ」、<br>"garbage" は「生ゴミ」を表す。 |
| 生ゴミは何曜日に捨<br>てるんだっけ？ | **On which days should we take out<br>the garbage?** |
| ちゃんと分別しな<br>きゃダメだよ。 | **You need to sort out the trash.** |
| （ペットの）ココを散<br>歩に連れて行って。 | **Take Coco for a walk.** |
| （ネコの）トイレの砂<br>を替えて。 | **Change the litter box.** |
| | 🌸 litter box ＝「猫用トイレ」<br>≡ Clean the litter box. （トイレの掃除をしてあげて） |

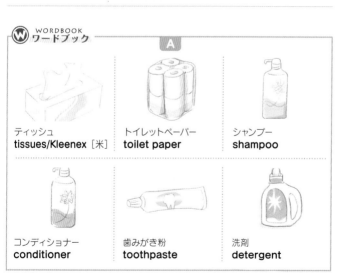

**W** WORDBOOK
ワードブック

A

| | | |
|---|---|---|
| ティッシュ<br>**tissues/Kleenex**［米］ | トイレットペーパー<br>**toilet paper** | シャンプー<br>**shampoo** |
| コンディショナー<br>**conditioner** | 歯みがき粉<br>**toothpaste** | 洗剤<br>**detergent** |

167

| | |
|---|---|
| 布団をたたんで。 | **Fold up the bedding.** |
| | 🌿 "bedding" は「寝具類」を表す。<br>≡ Put away the bedding before you go to school.（学校に行く前に布団をあげて） |
| ベッドを整えてね。 | **Make your bed.** |
| いい天気だから布団を干そう。 | **It's a nice weather for airing out the futon.** |
| シーツを替えてくれる？ | **Can you change the sheets?** |
| | ≡ Can you put sheets on the bed?（ベッドにシーツを敷いてくれる？） |
| 冬物をしまわなきゃ。 | **I need to put away my winter clothes.** |
| コートをクリーニングに出しておいて。 | **Can you take this coat to the cleaners?** |
| 今日はなんにもやりたくないよ。 | **I just don't want to do anything!** |
| たまには手伝ってよ！ | **Why don't you help me out?** |

## 📝 洗濯についての会話

| | |
|---|---|
| 洗濯物がたまっちゃった。 | **The laundry has piled up.** |
| | 🌿 pile up =「積み上げる」「積み重なる」。「洗濯物が山積み」というイメージ。 |
| 洗濯機を回してくれる？ | **Can you run the washing machine?** |
| | 🌿 "run" は「走る」以外にも、「（機械などを）動かす」「経営する」などの意味を持つ。動詞の持つさまざまな意味を知ると会話の幅も広がる。 |
| 柔軟剤はどれを使うの？🅱 | **Which softener should I use?** |
| ジーンズと一緒に洗わないでね。 | **Don't wash them with jeans.** |

| カーディガンはちゃんとネットに入れてね。 | **Make sure to put my cardigan in a laundry net.** |
|---|---|
| | 🌸 "make sure to 〜 " は「必ず〜してね」と念を押すときに使う。 |

| また部屋干しかぁ。 | **I have to hang up the washing inside the house again.** |
|---|---|
| | ⇐ It can't be helped. It's the rainy season.（梅雨だからしょうがないよ） |

| 今、脱水中だよ。 | **It's on the spin cycle now.** |
|---|---|
| | 🌸 rinse cycle =「すすぎ」。wash cycle =「洗い」 |

| このシミが落ちないの。 | **The stain won't come out.** |
|---|---|
| | 🌸 stain won't come out =「シミが落ちない」 |

| 漂白してみたら？ | **How about using bleach?** |
|---|---|

| セーターが縮んじゃった。 | **The sweater shrank.** |
|---|---|
| | 🌸 shrink =「（服などが）縮む」 |

| シワにならないようにハンガーにかけてね。 | **Please hang it up so it doesn't get wrinkled.** |
|---|---|
| | 🌸 wrinkle =「しわ」。hang it up =「吊るす」 |

| 洗濯物を取り込んでくれる？ | **Can you take in the laundry?** |
|---|---|
| | 🌸 take in the laundry =「洗濯物を取り込む」 |

| まだ湿ってるよ。 | **The laundry is still damp.** |
|---|---|
| | 🌸 damp =「湿っぽい」 |

| 一緒に洗濯物をたたんでくれる？ | **Can you fold the landry with me?** |
|---|---|
| | 🌸 fold the laundry =「洗濯物をたたむ」 |

---

**Ⓦ WORDBOOK ワードブック**

**B**

| 柔軟剤 | softener | 洗濯洗剤 detergent | 漂白剤 | bleach |
|---|---|---|---|---|

| スカートにアイロンをかけておいたよ。 | I ironed your skirt. |
| クローゼットにしまっておいて。 | Put the clothes in the chest. |

## 掃除についての会話

| 部屋を片付けなきゃ。 | I have to clean my room. |
| リビングに掃除機をかけて。 | Can you vacuum the living room? |
| ぞうきんがけしなくちゃ。 | I have to sweep the floor. |
| 部屋の空気を入れ替えよう。 | Let some fresh air in the room. |
| 窓を拭いてくれる？ | Can you wipe the windows? |
| トイレの掃除をしてくれる？ | Can you clean the bathroom? |
| | ⇐ The toilet bowl is dirty. (結構汚れてるね) |
| まずほうきで掃いたらいいよ。 | You can sweep with a broom first. |
| | 🖉 broom =「ほうき」 |
| こんなにほこりが溜まってたなんて。 | I didn't know it had got so dusty. |
| | 🖉 dusty =「ほこりっぽい」 |
| 油汚れってなかなか落ちないのよね。 | Grease stains are not easy to remove. |
| | 🖉 grease stain =「油汚れ」 |

170

Chapter 8
Talking with
family

# 夫婦で話す

## ✍ 夫婦での会話

| | |
|---|---|
| 今日は何か特別なことあった？ | **Did you have something special today?** |
| | ≋ You look happy. Did something special happened today? （うれしそうね。何か特別なことでもあったの？）<br>≋ Any luck? （いいことあったの？） |
| 聞いて。今日は楽しいことがあったの。 | **Listen, I had something really fun today.** |
| 庭のバラが咲いたのよ。 | **The roses in our garden are blooming.** |
| | 🌸 bloom =「花が咲く」 |
| 最近、疲れ気味じゃない？ | **You've been tired, haven't you?** |
| 今日は早く寝たほうがいいよ。 | **I think you'd better go to bed early.** |
| ちょっと飲みすぎかな。 | **I might be a little drunk.** |
| 今度の週末は休めそう？ | **Can you get the day off this weekend?** |
| | 🌸 "day off" は「個人的に取る休日」のこと。<br>≋ When is your next vacation?（次の休みはいつ？） |
| 日曜日は家族でアウトレットに行かない？ | **Why don't we go to the outlet mall this Sunday?** |
| 欲しいバッグがあるの。 | **There is a bag that I want.** |
| 部屋の模様替えをするのはどう？ | **How about rearranging the room?** |

171

| | |
|---|---|
| 明後日（水曜日）、佐藤さんとランチに行ってくるね。 | **I'm having lunch with Ms.Sato this Wednesday.** |

🍃 英語では「明後日」(the day after towomorrow) という表現よりも、「水曜日」のように曜日を基準とするほうが一般的。

| | |
|---|---|
| 玄関のライトを取り替えてもらえる？ | **Can you change the light bulb in the entrance?** |
| お風呂場をリフォームしたいわ。 | **I want to remodel our bathroom.** |
| 車を点検に出さないとね。 | **The car needs servicing.** |

⇐ I got a phone call from the car dealer today.
（今日、車のディーラーから電話があったわ）

| | |
|---|---|
| 今月は出費がかさむね。 | **We need to pay for some additional expenses this month.** |

## 🖊 子どもについて話す

| | |
|---|---|
| 明日、千秋のお迎えを頼める？ | **Can you pick up Chiaki tomorrow?** |

≡ Can you pick me up at the station tomorrow?
（明日、駅まで私を迎えにきてもらえる？）

| | |
|---|---|
| 翔太の成績が上がったのよ。 | **Shota's grades have improved.** |
| 美香の受験はどうする？ | **What do you think about Mika taking an exam?** |
| 結衣がスマホを欲しがっているの。 | **Yui wants a smart phone.** |

⇐ No, it's too soon. （まだダメだよ）

| | |
|---|---|
| 純がスイミングをやりたいって。 | **Jun wants to start learning how to swim.** |
| 来週は幼稚園の発表会よ。 | **We're having a kindergarten recital next week.** |

⇐ Oh, yes. I almost forgot! （そうだ。忘れるところだった！）

# 子どもと話す

## ✍ 一緒に遊ぶ

| | |
|---|---|
| 公園に行こうか。 | **Let's go to the park.** |
| 何して遊ぶ？ | **What do you want to play?** |
| | ⇐ Let's play tag! (おにごっこしよう！) |
| キャッチボールしない？ | **Why don't we play catch?** |
| 一緒に遊ぼう。 | **Let's play together.** |
| TVゲームをしたい？ | **Do you want to play a video game?** |
| どうやってやるの？ | **How can I do this?** |
| 教えてあげる。 | **I'll show you.** |
| わぁ、上手にできたね！ | **Wow, you did it!** |
| すごいね！ | **Good job!** |
| もう一回する？ | **Do you want to play again?** |
| 順番にね。 | **Let's take turns, okay?** |
| お友達に貸してあげられるかな？ | **Can you share it with your friend?** |
| いい子ね。 | **You are so sweet.** |

## 📇 話しかける

---

これ何かわかるか
な？

**Do you know what this is?**

⬅ It's my favorite picture book!（僕の大好きな絵本！）

---

カバンはどこ？

**Where is your bag?**

⬅ It's under the table.（机の下にあるよ）

---

何してるの？

**What are you doing?**

⬅ I'm drawing. Look!（お絵かきしてるの、見て！）

---

これどうやってやる
か知ってる？

**Do you know how to do this?**

⬅ Let me try!（やらせて！）

---

何が欲しい？

**What do you want?**

⬅ I want some pancakes!（パンケーキが食べたい！）

---

わかった？

**Do you understand it?**

⬅ I understand it!（わかった！）

---

塾に行く時間よ。 🄰

**It's time to go to cram school.**

---

部屋を片付けなさい！
🄱

**Tidy up your room!**

≡ Put your things away.（片付けて）

---

ゲームはおしまいよ。

**Stop playing that game now.**

---

Ⓦ WORDBOOK
ワードブック

| 🄰 | | |
|---|---|---|
| 塾 | cram school | 英語教室 | English lesson |
| ピアノ教室 | piano lesson | 体操教室 | gymnastics class |

| 🄱 | | | | | |
|---|---|---|---|---|---|
| くつ | shoes | 服 | clothes | 靴下 | socks |
| おもちゃ | toys | 本 | books | 机 | desk |

**Chapter 9**

# 日本文化の紹介・観光案内

Introducing Japan・Sightseeing guide

# 観光案内をする

## ✐ 行きたい場所をたずねる

日本ではどこに行きましたか？

**Where have you been in Japan?**

⇐ I've been to Hokkaido.（北海道に行きました）

どこか行きたいところはありますか？

**Are there any places you want to visit?**

鎌倉には行ったことがありますか？

**Have you ever been to Kamakura?**

🌸 Have you ever been to ~ ? =「~へ行ったことはありますか？」
⇒ There is a famous temple there with beautiful hydrangeas.（きれいなアジサイで有名なお寺がありますよ）

とても素敵なところよ。

**It's a very lovely place.**

≡ I highly recommend it.（とてもオススメよ）

何が食べたいですか？

**What do you feel like eating?**

🌸 feel like ~ ing =「~したい気分」。"want to ~ " の「~したい」よりも柔らかい表現。

旅行者に人気のレストランに行ってみませんか？

**Why don't we go to a restaurant which is popular with tourists?**

いいお寿司屋さんを知っていますよ。

**I know of a great sushi restaurant.**

この店は老舗です。

**This restaurant has a long history.**

🌸 has a long history =「長い歴史を持つ」

きっと気にいると思いますよ。

**I'm sure you'll like it.**

## ✎ 観光地を案内する・説明する

| | |
|---|---|
| 富士山は日本で一番高い山です。 | **Mt. Fuji is the highest mountain in Japan.**<br>⇒ Its solitary location makes Mt. Fuji very beautiful. （周りに高い山がないのでとても美しいのです）<br>🌸 solitary =「孤立した」 |
| 富士山が見られるところまでドライブしましょう。 | **Let's take a drive to see Mt. Fuji.**<br>≡ Let's go and climb Mt. Fuji. （富士山に登りに行こう） |
| 紅葉を見に行きましょう。 | **Why don't we go to see the autumn leaves.** |
| 永観堂は紅葉で有名です。 | **Eikando Temple is famous for its autumn colors.**<br>🌸 temple =「寺」「寺院」。autumn leaves/autumn colors =「紅葉」 |
| この建物は1100年以上前に建てられたものです。 | **This building was built more than 1100 years ago.** |
| 京都は150年くらい前までは日本の都でした。 | **Kyoto was the capital of Japan until about 150 years ago.**<br>≡ Kyoto is the former capital with a long history. （京都は長い歴史を持つ古都です） |
| 有名なお寺が見たいなら京都がおすすめです。 | **If you want to see famous temples, Kyoto is the place to visit.** |
| 大阪は食べ物がおいしく、観光スポットもたくさんあります。 | **Osaka has great food and many tourist attractions.**<br>🌸 tourist attractions =「観光名所」 |
| 大阪から京都まで電車で30分くらいです。 | **It's about 30 minutes from Osaka to Kyoto by train.** |

| | |
|---|---|
| 東京スカイツリーの高さは634メートルもあります。 | **Tokyo Sky Tree is 634 meters tall.**<br><br>⇨ You can see the whole city from there.（そこからは街の全体を見渡せますよ） |
| 浅草は昔の東京を楽しめる場所です。 | **Asakusa is a place where you can enjoy the atmosphere of Tokyo's past.**<br><br>🖋 atmosphere＝「雰囲気」「環境」 |
| 北海道のスキー場は欧州の観光客から高い人気があります。 | **Ski resorts in Hokkaido are very popular with European tourists.**<br><br>⇨ Hokkaido's powder snow is highly rated by overseas visitors.（北海道のパウダースノーは海外で高く評価されています） |
| 日光東照宮は美しい装飾で有名な神社です。 | **Nikko Toshogu Shrine is famous for it's beautiful decoration.**<br><br>🖋 shrine＝「神社」 |
| 高尾山はミシュラン観光ガイドで3つ星に選ばれました。 | **Mt. Takao received three stars in the Michelin Green Guide.**<br><br>⇨ You can get there in an hour from the metropolitan area.（都内から1時間ほどで行けます）<br>🖋 metropolitan area＝「都内」「首都圏」 |
| 三鷹の森ジブリ美術館は海外からの旅行者にも人気です。 | **Ghibli Museum in Mitaka is also popular with travelers from overseas.** |
| 神戸は「1000万ドルの夜景」として有名です。 | **Kobe is famous for its "ten-million-dollar night view".** |
| 兼六園は日本三大名園の1つと言われています。 | **Kenrokuen is one of the 3 greatest gardens in Japan.**<br><br>⇨ The others are Korakuen in Okayama, and Kairakuen in Mito.（その他は岡山の後楽園と水戸の偕楽園です） |

| | |
|---|---|
| 広島平和記念碑は原子爆弾の悲惨さを伝える記念碑です。 | **The Hiroshima Peace Memorial is a monument commemorating the tragedy caused by the atomic bombs.** |

🍃 tragedy =「悲劇」「惨事」。atomic bomb =「原子爆弾」

| | |
|---|---|
| 広島だけでなく長崎にも原爆が投下されました。 | **An atomic bomb was dropped not only on Hiroshima, but also on Nagasaki.** |

🍃 not only ～ , but also ○○=「～だけでなく、○○も」

| | |
|---|---|
| グラバー園は長崎港を一望できる美しい庭園です。 | **Glover Garden is a beautiful garden which offers a nice view of Nagasaki harbor.** |

| | |
|---|---|
| 厳島神社は満潮になると海面に浮かんでいるように見えます。 | **At high tide, Itsukushima Shrine appears to be floating on the sea.** |

🍃 at high tide =「満潮時」

| | |
|---|---|
| 湯布院は女性に人気の温泉街です。 | **Yufuin is a hot spring town popular with women.** |

| | |
|---|---|
| ご当地キャラクターは特定の地方のシンボルとして人気です。 | **Local mascots are popular as symbols of certain regions.** |

⇨ Kumamon is a local mascot from the Kumamoto prefecture. （くまモンは熊本県のご当地キャラクターです）

🍃 local mascot =「ご当地キャラクター」。certain region =「特定の地域」

# 地理や季節について説明する

## ✍ 人口や地理について話す

| | |
|---|---|
| 日本の人口は約1億2千万人です。 | **The population of Japan is about 120 million.** |

≣ It's one-third of the population of the United States.（アメリカの人口の 3 分の 1 です）
🐾 population =「人口」。分数の読み方は、分子を普通の数（one、two、three）、分母を序数（first、second、third ) で読む。

| | |
|---|---|
| 面積はドイツとほぼ同じくらいです。 | **The size of Japan is comparable to that of Germany.** |

🐾 size =「面積」。comparable to ～ =「～に匹敵する」

| | |
|---|---|
| ✓ 日本は、北海道、本州、四国、九州、沖縄とたくさんの島々で成り立っています。 | **Japan is made up of Hokkaido, Honshu, Shikoku, Kyushu, Okinawa, and many other islands.** |

| | |
|---|---|
| 日本の3分の2は山地です。 | **Two-thirds of Japan's land is made up of mountains.** |

| | |
|---|---|
| 北海道から沖縄まで約3000kmあります。 | **It is about 3 thousand km from Hokkaido to Okinawa.** |

| | |
|---|---|
| 札幌はボストンと同じくらいの緯度にあります。 | **Sapporo is on the same latitude as Boston.** |

🐾 on the same latitude as ～＝「～と同じ緯度に位置する」
≣ Okinawa is on the same longitude as Miami.（沖縄はマイアミと同じくらいの緯度にあります）

| 日本は地震大国です。 | **Japan is a land of earthquakes.** |

🌱 earthquake =「地震」

| 地震が多いので古いビルは耐震性のものに建て直されます。 | **Because of the many earthquakes, old buildings are pulled down and rebuilt as earthquake-resistant buildings.** |

⇐ Because of tokyo has lots of new buildings.
（だから東京は新しいビルが多いのですね）
🌱 earthquake-resistant =「耐震化」

## ✏ 温泉について話す

| ✓ | 温泉に入ることは日本人に人気のレジャーです。 | **Bathing in hot springs is a popular leisure activity for Japanese people.** |

⇨ When I want to relax, I often go to the hot springs.（のんびりしたいときには、よく温泉に行きます）

| 日本各地にたくさんの温泉があります。 | **There are many hot springs throughout Japan.** |

☰ Japan's geographic features give rise to the formation of hot springs.（日本の地理的な特徴が温泉に適しているようです）
🌱 geographic features =「地理的な特徴」

| | |
|---|---|
| 温泉ごとにそれぞれ特徴的な治療効果があります。 | **Hot spring has it's own therapeutic properties.**<br><br>⇐ What is this hot spring good for?（この温泉は何に効きますか？） |
| 屋外にある温泉を「露天風呂」と言います。 | **Outdoor hot springs are called "rotenburo".**<br><br>⇒ The best thing about rotenburos is being able to enjoy hot springs in natural surroundings.（露天風呂の醍醐味は自然の中で温泉を楽しめることにあります） |
| 日本では湯船に浸かる習慣があります。 | **It's our custom to have a soak in the bathtub.**<br><br>⇒ Soaking in a hot bath is a good custom for improving your health.（お風呂に浸かるのは健康促進にいい習慣です）<br>🌸 custom =「習慣」。soak in 〜=「〜に浸かる」 |
| 温泉は裸になってから入ってください。 | **You have to be totally naked when using the hot springs.**<br><br>🌸 totally =「すっかり」「完全に」。naked =「裸」 |
| 温泉は入る前に身体を洗ってから入るのがマナーです。 | **You have to wash before getting into the baths.**<br><br>⇒ Please be careful not to spray shower water on other people.（他の人にシャワーがかからないように注意してください） |
| タオルは湯船に入れないでください。 | **Please don't put your towel in the bathtub.** |
| 浴場から脱衣所に戻るときは体を拭いてからにしてください。 | **You need to dry yourself off before entering the changing rooms.** |
| タトゥー禁止の温泉も多いので気をつけてください。 | **Please be aware that many hot spring resorts don't accept customers with tattoos.**<br><br>🌸 Please be aware that 〜=「〜にご留意ください」 |

## ✎ 四季について話す

| | |
|---|---|
| 四季は日本の特徴の1つです。 | **The four seasons are one of the special features of Japan.**<br>🎤 special features = 「特徴」「際だった点」 |
| 春は桜の季節です。 | **Spring is the cherry blossom season.**<br>⇒ Spring is my favorite season.（私は春がいちばん好きだわ） |
| 日本の夏と言えば花火大会の季節ですね。 | **Summer in Japan is the season of fireworks (display).**<br>⇒ There's a fireworks display on this Sunday, would you like to go with us?（今度の日曜日に花火大会があるので一緒に行きませんか？）<br>🎤 fireworks display = 「花火大会」 |
| 暑い季節と涼しい季節どちらが好きですか？ | **Which do you prefer hot or cool seasons?** |
| 日本の夏は暑くて湿度も高いです。 | **Summer in Japan is hot and humid.**<br>🎤 humid = 「湿度が高い」 |
| 秋は紅葉を楽しめる美しい季節です。 | **Autumn is a beautiful season for enjoying the autumn leaves.** |
| 紅葉狩りにベストなのは11月から12月中旬です。 | **The best time for viewing the autumn leaves is from November to mid December.** |
| 見て、葉っぱが赤く色づいてきたね。 | **Look, the leaves are turning red.**<br>🎤 turn red [yellow] = 「紅葉する [黄色く変わる]」 |
| 日本の冬は結構寒いです。 | **Winter in Japan is pretty cold.** |
| 東京でも年に何回か雪が降ります。 | **It snows in Tokyo several times a year.** |

# 日本の歴史や伝統について説明する

## ✎ 季節の行事について話す

| | |
|---|---|
| お正月には神社やお寺をたくさんの人が訪れます。 | **Many people visit shrines or temples during the New Year's holiday.** |
| 新年の幸福をお祈りします。 | **They pray for a happy new year.**<br>🐾 pray for 〜=「〜について祈る」 |
| 成人式は新成人をお祝いする行事のことです。 | **The Coming of Age ceremony is a ritual to cerebrate reaching adulthood.**<br>⇒ In Japan people who have reached the age of 20 cerebrate their becoming adults. （日本では 20 歳になった人たちが成人としてお祝いされます）<br>🐾 ritual =「儀式」。adulthood =「成人」 |
| 初春には「節分」と呼ばれる豆まきをします。 | **In early spring, we have the custom of throwing beans which is called "Setsubun".** |

| 春には桜の木の下で食べたり飲んだりして楽しみます。 | We enjoy eating and drinking under cherry blossom trees in the spring. |

⇨ We call this event "ohanami". (この行事を「お花見」と呼んでいます)

| 3月3日は「ひな祭り」という女の子の成長を祝う特別な日です。 | March 3rd is a special day, called "Hinamatsuri", to pray for the healthy and continued growth of girls. |

⇦ It is called the "Doll Festival" or "Girls' Festival" in English. (英語では "Doll Festival" や "Girls' Festival" と呼ばれています)

| 5月5日は「こどもの日」と呼ばれ、元は男の子の成長を祝う日でした。 | May 5th is called "Children's Day", which was originally celebrated to wish for the healthy growth of boys. |

⇨ Carp streamers are flown outside of houses. (鯉のぼりが家の外にかけられます)
🎏 carp streamers =「鯉のぼり」

| お盆には、先祖の墓を訪れる習慣があります。 | In Obon we have a custom to visit the graves of our ancestors. |

🎏 custom =「習慣」。visit the grave =「墓参り」。ancestor =「祖先」

| 花火大会は夏の風物詩です。 | Fireworks display are common in the summer. |

| 夏には「浴衣」を着てお祭りを楽しむ人の姿をよく見られます。 | In summer, you can see many people wearing "yukata" and enjoy the festivals. |

⇨ Would you like to try on a yukata? (浴衣を着てみませんか?)

| 大晦日にはそばを食べて家族と時間を過ごします。 | On New Year's Eve, people eat soba noodles and spend time with their families. |

## ✔ 神社仏閣について話す

**日本の神道では八百万の神がいると考えられています。**

In the Shinto religion, there are said to be 8 million gods.

🌸 religion＝「宗教」「信仰」

**神社では神様を祭り、お寺では仏様を祭ります。**

People worship gods in shrines, and worship Buddha in temples.

🌸 worship＝「祭る」「崇拝する」

**日本では神道と仏教が共存しています。**

In Japan, Shinto and Buddhism exist together.

🌸 exist＝「存在する」。"exist together"で「共存」となる。

**神社の前にある門を「鳥居」と言います。**

The ornamental gates in front of shrines are called "Torii".

**鳥居は神聖な領域の入り口です。**

Toriis stand at the entrance of sacred areas.

**女性たちの間で寺社巡りが人気です。**

Shrine and temple tour is a boom among women.

🌸 shrine and temple tour＝「寺社巡り」

## ✔ お祭りについて話す

**日本全国では毎年お祭りが約30万もあります。**

There are about 3 hundred thousand festivals throughout Japan.

**お祭りでは「御輿」が担がれます。**

In this festival people carry a "mikoshi".

**御輿には神が乗っていると言われています。**

It is believed that a god is sat on the portable shrine.

🌸 英語では「御輿」を"portable shrine"と言う。

186

| | |
|---|---|
| ねぶた祭り、祇園祭、天神祭、神田祭などが有名です。 | **The Nebuta Festival, the Gion Festival, the Tenjin Festival, and the Kanda Festival are all well known festivals.** |

🎐 well known =「よく知られた」

| | |
|---|---|
| 青森のねぶた祭りはすごい迫力ですよ。 | **The Nebuta Festival in Aomori is one of the most spectacular festivals.** |

🎐 spectacular =「壮観な」「迫力のある」

| | |
|---|---|
| 祇園祭は街中を「山鉾」が巡回します。 | **In the Gion Festival, floats called "yamahoko" will tour through the city.** |

🎐 floats =「山車（だし）」。祭りのときに引かれる飾り物をつけた屋台。

| | |
|---|---|
| お祭りでは伝統的な衣装を見ることができます。 | **In this festival, you can see some traditional costumes.** |

| | |
|---|---|
| 札幌の雪まつりは巨大な雪像が並ぶ、世界的にも有名なイベントです。 | **The Snow Festival in Sapporo is a world-famous event with spectacular snow sculptures.** |

⇐ I really want to see the snow sculptures at the Snow Festival.（雪まつりに行って雪像を見たいな）

🎐 snow sculpture =「雪像」。"sculpture" は「彫刻」のことを指す。

## ✏ 伝統芸能や文化について話す

| | |
|---|---|
| 歌舞伎はとても大切な日本の伝統芸能です。 | **Kabuki is a very important traditional art form Japan.** |
| 歌舞伎は400年以上の伝統を持つ舞台演劇です。 | **Kabuki is a stage play with over 400 years of tradition.**<br>🌿 stage play =「舞台演劇」 |
| 歌舞伎は男性によってのみ演じられます。 | **Only male actors can perform in a kabuki play.** |
| 以前は庶民の娯楽の1つでした。 | **Kabuki used to be a popular form of entertainment among the common people.**<br>🌿 common people =「庶民」 |
| 能は日本人でも難解に感じます。 | **Noh plays are difficult to understand even for native Japanese speakers.** |
| 狂言は伝統的な喜劇です。 | **Kyogen is a traditional comedy.** |
| 能はシリアスな内容で、狂言はコミカルな内容をテーマにしています。 | **Nohs have more serious themes, while kyogens are more comical.** |
| お恥ずかしい話、あまり伝統芸能には詳しくないんです。 | **I'm ashamed to say, but I'm not familiar with these types of traditional performances.**<br>🌿 ashamed to =「恥ずかしい」。be familiar with 〜 =「〜に詳しい」<br>≡ Actually, I've never been there either.（実は私も観に行ったことがないんです） |

| | |
|---|---|
| 俳句は季節感を大切にする日本の短い詩の一種です。 | Haiku is a kind of Japanese short poem which values a sense of the season. |
| 折り紙は四角い紙を折って動物や花などを作ります。 | Origami is the art of folding paper into objects such as animals or flowers.<br>🌸 folding =「折る」「折りたたむ」 |
| 伝統的な楽器として三味線や琴などがあります。 | Shamisens and kotos are traditional musical instruments.<br>🌸 musical instrument =「楽器」 |
| 伝統的な履き物にはサンダルに似た下駄や草履があります。 | We have some traditional footwear called geta and zori which are kinds of sandals. |
| 普段着に着物を着る人は少ないです。 | Some people wear a kimono in their daily life. |

## ✎ 武士・忍者・城などについて話す

| | |
|---|---|
| 「侍」の語源は「仕える」という意味です。 | The word "samurai" came from the word meaning "to serve". |
| 「侍」は貴族に仕える警護職が発祥と言われています。 | Apparently, the samurai were originally guards who served the nobility.<br>🌸 apparently ~ =「どうも～らしい」。nobility =「貴族」 |
| 侍は君主への忠誠を最も重視しました。 | Loyalty to their masters was the most important quality for samurai to have. |
| 侍の精神は今の日本人にも残っています。 | The samurai spirit is still alive in the modern Japanese people. |

日本文化の紹介・観光案内 ― 日本の歴史や伝統について説明する ―

| | |
|---|---|
| 今でも「五月人形」として鎧兜を飾る習慣があります。 | **We still have the custom of putting armor on display called "gogatsu ningyo".** |
| | 🖉 armor =「鎧甲」「甲冑」 |
| 侍時代をテーマにした小説やドラマは人気のコンテンツです。 | **Novels and dramas about the samurai period are popular entertainment content.** |
| | ⇒ There is a lot of samurai anime. (侍を題材にしたアニメもたくさんあります) |
| | 🖉 period =「時代」 |
| 忍者は侍時代の特殊部隊のようなものです。 | **In the samurai period, ninjas were the equivalent of today's special forces.** |
| | 🖉 equivalent of ~ =「~に相当する」「~にあたる」。 special forces =「特殊部隊」 |
| 城は侍時代に建てられたものです。 | **Castles were constructed in the time of the samurai.** |
| | 🖉 constructed =「建築された」 |
| ✓ 大阪城や名古屋城、姫路城が有名です。 | **Osaka castle, Nagoya castle, and Himeji castle are famous castles.** |

# 日本の食べ物や
# 食文化を説明する

## ✒ 和食について説明する

| | |
|---|---|
| 和食を食べたことがありますか？ | **Have you ever eaten Japanese food?** |
| 和食はヘルシーで、ダイエット食として人気です。 | **Japanese food is popular for its healthy, weight loosing effects.**<br>🌸 weight loosing＝「減量」。effect＝「効果」 |
| 和食といえば、どんなのを知ってますか？ | **What kinds of Japanese food do you know about?** |
| 伝統的な和食に「懐石料理」があります。 | **There is a traditional kind of Japanese cuisine called "kaiseki ryori".**<br>🌸 Japanese cuisine＝「日本料理」 |
| 「和食」は無形文化遺産になったのですよ。 | **"Washoku" is an Intangible Cultural Heritage.**<br>🌸 Intangible Cultural Heritage＝「無形文化遺産」。ユネスコが選定する無形文化財の保護を対象としたもので、有形物を対象とした「世界遺産」とは区別される。 |
| 和食は季節の食材を使います。 | **Washoku uses seasonal foods.** |
| 日本では「食欲の秋」という言葉があります。 | **In Japan, we have the saying "autumn appetite".**<br>⇐ What is good in this season?（この時期においしい食べ物は何？）<br>⇒ Pine mushrooms, Pacific sauries, chestnuts, and persimmons are all in season.（松茸、サンマ、栗や柿というところかな） |

191

| お米は日本の主食です。 | Rice is the staple food of Japan. |
|---|---|
| | 🌱 staple food = 「主食」 |

| 日本酒を飲んだことがありますか？ | Have you tried Japanese sake? |
|---|---|

| 日本酒は和食によく合いますよ。 | Sake goes well with Japanese food. |
|---|---|
| | ⇐ What brand do you recommend?（どの銘柄がおすすめですか？） |

| 日本酒はお米を醸造して作られます。 | Japanese sake is brewed from rice. |
|---|---|
| | 🌱 brew from ～ =「～から醸造する」 |

| 天ぷらは野菜や海鮮に衣をつけて揚げたものです。 | Tempura is vegetables or seafood deep-fried in batter. |
|---|---|
| | 🌱 batter =「衣」「生地」 |

| そばやうどんの上に天ぷらをのせてもおいしいですよ。 | Tempura goes well with soba noodles or udon noodles when served on top. |
|---|---|
| | 🌱 英語では「そば」を "buckwheat noodle"、「うどん」を "thick wheat noodle" と表現する。 |

| 丼物はご飯の上に色々な具がのっているものです。 | Donburi are bowls of rice with various savory toppings. |
|---|---|
| | 🌱 various =「いろいろな」 |

| カツ丼って食べたことある？ | Have you ever had Katsudon? |
|---|---|
| | ⇐ No, is it good?（ないよ。おいしいの？）<br>⇒ Let's go and eat Katsudon.（じゃあ、カツ丼を食べに行こう） |

| 牛丼は安くておいしいと人気です。 | Gyudon is popular as a cheap and good meal. |
|---|---|

| カレーライスは日本の人気料理です。 | Curry and rice is a popular Japanese food. |
|---|---|

| ラーメンはぜひ一度食べてみてください。 | **You must try ramen.** |
|---|---|
| | 💬 強く勧めたいときには "should" の代わりに "must" を使うこともできる。 |

## ✓ 寿司について説明する

| お寿司を食べたことはありますか? | **Have you ever tried sushi?** |
|---|---|
| 寿司と言っても、たくさんの種類があるんですよ。 | **There are many kinds of sushi actually.** |
| 大トロやサーモンが人気のネタです。🅰 | **Fatty tuna and salmon are popular toppings.** |
| | ⬅ What would you recommend?（おすすめのネタは何？） |
| | ➡ Fatty tuna and salmon are popular toppings.（大トロやサーモンが人気のネタです） |
| お寿司は手で食べてもいいんですよ。 | **You can eat sushi with your fingers.** |
| ネタを醤油につけて食べます。 | **Dip the top in soy sauce.** |
| わさびは辛いので、気をつけて食べてください。 | **Wasabi is very spicy, so please be careful when you eat it.** |
| 回転寿司に行こうか? | **How about eating at a conveyor-belt sushi?** |
| | 💬 conveyor-belt sushi =「回転寿司」 |
| 好きなお寿司を取ってください。 | **You can take any sushi you want from the conveyor-belt.** |
| | ➡ You have to take the sushi with its plate.（お皿ごと取ってね） |
| お皿はレーンに戻しちゃダメですよ。 | **You can't put it back on the conveyor-belt.** |

| | | |
|---|---|---|
| お皿の色で値段がわかるようになっています。 | **The prices are indicated by the color of the plates.** | |
| | 🖋 indicate =「示す」「表す」 | |
| これは「ガリ」と言って、生姜の酢漬けです。 | **This is a pickled ginger called "Gari".** | |

**WORDBOOK**
**ワードブック**

A

| | | |
|---|---|---|
| 大トロ<br>**fatty tuna** | 中トロ<br>**medium fatty tuna** | マグロ (赤身)<br>**lean tuna** |
| サケ<br>**salmon** | エビ<br>**prawns** | 甘エビ<br>**sweet shrimps** |
| ホタテ<br>**scallops** | タイ<br>**sea bream** | イクラ<br>**salmon roe** |
| ウニ<br>**sea urchin** | アナゴ<br>**eel** | シャコ<br>**mantis shrimp** |

## ✒ 食事について話す

| | |
|---|---|
| 和食はお箸を使って食べます。 | **We eat Japanese food with chopsticks.** |

🍃 eat ~ with... = 「~を ... で食べる」

| | |
|---|---|
| 難しかったらフォーク [スプーン] を使ってもいいですよ。 | **If it's too difficult, you can use a fork [spoon].** |

| | |
|---|---|
| 日本では麺類は音を立てて食べます。 | **It's customary in Japan to slurp noodles.** |

➡ If you are uncomfortable with it just tell me, okay? (不快だったら言ってください)

🍃 slurp noodles =「麺をすする」「音を立てて食べる」

| | |
|---|---|
| 日本食はお口に合いますか? | **How do you like Japanese food?** |

🍃 "How do you like ~ ?" は相手に意見や感想をたずねたいときに便利なフレーズ。返答には「なぜそう思うのか」の理由を簡単に付け加えるのが一般的。

| | |
|---|---|
| 何が一番おいしかったですか? | **What did you like the most?** |

| | |
|---|---|
| 苦手な食べ物はありましたか? | **Is there anything you don't really like?** |

⬅ To be honest, I can't understand why the Japanese love Natto. (正直、どうして日本人は納豆が好きなのか理解できないね)

| | |
|---|---|
| 緑茶には抗菌作用があると言われています。 | **Green tea is thought to have antibacterial properties.** |

🍃 antibacterial properties =「抗菌作用」

| | |
|---|---|
| 日本のタマゴは生で食べられますよ。 | **In Japan, you can eat raw eggs.** |

| | |
|---|---|
| 「盛り塩」には、商売繁盛や魔除けの効果があると信じられています。 | **"Morijio" is believed to be good for business and to keep evil spirits away.** |

# 日本の生活習慣について説明する

## 📝 日本人の特徴や日本語について話す

| | |
|---|---|
| ✓ 日本人の特徴として何が思い浮かびますか? | **What characteristics come to mind when you think of the Japanese people?**<br><br>🖋 characteristics =「特徴」「特性」 |
| 礼儀正しい文化は特徴の1つですね。 | **Being polite is one characteristic.**<br><br>⇐ Can you tell me something about Japanese culture and traditions?(日本の文化や伝統について教えて)<br>⇒ Being polite is one characteristic.(礼儀正しい文化は特徴の1つですね) |
| 日本人にとって謙虚さは美徳です。 | **Humbleness is considered to be a virtue in Japan.**<br><br>🖋 humbleness =「謙虚さ」。considered to be ~ =「~と考えられている」。virtue =「美徳」 |
| 日本人はあまり自己主張をしません。 | **Generally speaking, the Japanese people are not very self-assertive.**<br><br>🖋 self-assertive =「自己主張」 |
| 和を重んじます。 | **We value the quality of being peaceful with others.**<br><br>🖋 value =「高く評価する」。quality =「特質」「特性」。peaceful =「平穏な」「争いを避ける」 |
| 日本人は握手の代わりにお辞儀をします。 | **We bow instead of shaking hands.**<br><br>🖋 bow =「お辞儀をする」 |

| | |
|---|---|
| 日本は時間を守ることをとても重視します。 | **Punctuality is considered to be very important in Japan.** |

� punctuality =「時間厳守」

| | |
|---|---|
| 電車は2～3分遅れただけで、お詫びのアナウンスがあります。 | **Even for a delay of a few minutes, the train drivers will apologize.** |

🌺 apologize =「謝る」「お詫びする」

| | |
|---|---|
| 日本語には3種類の文字があります。 | **The Japanese language has 3 characters sets.** |

| | |
|---|---|
| 文章の中でひらがな、カタカナ、漢字が混ざって使われます。 | **Hiragana, Katakana, and Kanji are intermingled in sentences.** |

🌺 intermingle =「交ざる」

| | |
|---|---|
| 日本語が書かれたおみやげはとても人気です。 | **Souvenirs with Japanese words written on them are quite popular.** |

| | |
|---|---|
| 日本人は間違った英語を話すことをとても恥ずかしがります。 | **Many Japanese people feel shy when they can't speak English correctly.** |

⇐ Why do Japanese people hesitate to speak English?（なぜ日本人は英語を話したがらないの？）
⇒ Many Japanese people feel shy when they can't speak English correctly.（日本人は間違った英語を話すことをとても恥ずかしがります）

## ✐ 住宅について話す

| | |
|---|---|
| ✓ 日本では家に入るときに靴を脱ぎます。 | **In Japan people take off their shoes when they enter a house.** |

| | |
|---|---|
| 床に敷いてある畳はわらを編んだものです。 | **Tatami is a kind of Japanese flooring mat made of woven rice straws.** |

🌺 woven =「編む」。rice straw =「わら」

| | |
|---|---|
| 寝るときは床に布団を敷いて寝ます。 | **We sleep on a futon laid out on the floor.**<br>⇨ More and more people sleep in a beds these days.（最近はベッドで寝る人が増えています） |
| 障子は薄い格子の木枠に和紙を貼った引き戸です。 | **Shoji is a sliding door covered with thin Japanese paper on a latticed wooden frame.**<br>🍀 latticed = 「格子の」<br>⇨ It can let in light.（光を取り込むことができます） |
| ふすまは厚い紙を貼った引き戸の一種で部屋を仕切るものです。 | **Fusuma is a kind of sliding door with thick paper to separate the rooms.**<br>⇨ You can easily remove Fusumas in order to use two rooms as one large room.（二部屋を１つの広い部屋として使うため、ふすまは簡単に取り外せます） |
| 日本は土地が限られているので、都心は小さい家が多いです。 | **There are relatively small houses in the cities, since the suitable residential areas are limited in Japan.**<br>≡ There are relatively small houses in the cities, since the population is heavily concentrated.（都心部は人口が集中しているので、比較的小さい家が多いです）<br>🍀 relatively = 「比較的」。suitable = 「適した」。residential area = 「住宅地」 |

## ✍ 生活習慣について話す

| | |
|---|---|
| 日本は自販機大国です。 | **Vending machines are very common in Japan.** |

🐾 vending machine =「自動販売機」

| | |
|---|---|
| （自販機が多いのは）世界でも犯罪率が低いからだと思います。 | **I think it's because Japan has one of the lowest crime rates in the world.** |

🐾 crime rate =「犯罪率」

| | |
|---|---|
| 都市部では通勤に電車を使う人が多いので、電車は非常に混雑します。 | **In the cities, many people commute on trains which become very crowded.** |

⇨ The platform is very crowded at rush hour.（通勤時間帯はホームも人であふれています）

🐾 commute =「通勤・通学する」。crowded =「混雑する」「混み合う」

| | |
|---|---|
| 血液型で性格がわかると考えられています。 | **Many people believe that our personality is linked to our blood type.** |

| | |
|---|---|
| 温水洗浄便座は必須アイテムなんです。 | **Bidet toilets are a must have item.** |

⇦ Japanese bathrooms are amazing!（日本のトイレはすごいね！）

⇨ You'll find bidet toilets almost everywhere.（ほとんどすべての場所に取り付けられていますよ）

🐾 bidet toilet =「温水洗浄便座」

| | |
|---|---|
| バレンタインデーには女性が男性にチョコレートをプレゼントします。 | **On Valentine's Day, women give men chocolate.** |

| | |
|---|---|
| ハロウィンの日に仮装して楽しむ若者が増えています。 | **More and more young people enjoy wearing costumes on Halloween.** |

⇨ Do you know the word "cosplay"?（「コスプレ」という言葉は知ってる？）

| 若い人はクリスマスを恋人と過ごします。 | **Many young people spend Christmas with their boyfriends and girlfriends.** |
|---|---|
| | ⇐ Don't you celebrate Christmas with your family?（家族でクリスマスを祝わないの？） |
| クリスマスにはケンタッキーのフライドチキンがご馳走として出されます。 | **Many Japanese love to celebrate Christmas with KFC fried chicken.** |
| | ⇐ No way!（信じられない！） |
| 日本のネットカフェは個室でシャワーや漫画などが用意されています。 | **Internet cafes in Japan have private cubicles, tons of manga, and even shower rooms.** |
| | 🐾 private cubicle＝「個室」。tons of＝「大量の」「たくさんの」 |
| 一時的なホテル代わりに使う人もいますよ。 | **Some people use them instead of hotels.** |
| | ≡ More women and tourists find it comfortable to use Internet cafe.（ネットカフェが利用しやすいと感じる女性や旅行者も増えています） |
| 宿泊費を安く抑えたいときは、カプセルホテルがおすすめです。 | **If you want to save money on accommodation, you could try a capsule hotel.** |
| | 🐾 accommodation＝「宿泊費」。"capsule hotel"は和製英語だが、最近では観光客に徐々に知られるようになってきた。 |
| ちょっとしたお土産なら100円ショップでも買えます。 | **You can get small gifts at 100 yen shops.** |

## ✒ 漫画・アニメについて話す

| 漫画やアニメが大好きな外国人も多いですね。 | **There are many foreign people who love manga and anime.** |
|---|---|
| | ⇐ I like to read comics, too.（私も漫画が好きよ） |

| | |
|---|---|
| どうしてアニメは人気なのですか？ | **What makes anime so popular?** |
| ✓ お気に入りの漫画やアニメはありますか？ | **Do you have any favorite manga or anime storise?** |
| ✓ スタジオジブリの作品を知っていますか？ | **Do you know any of Studio Ghibli's productions?**<br>Do you know "Spirited Away"?（「千と千尋の神隠し」を知っていますか？） |
| 漫画やアニメで日本語を学んでる人もたくさんいますね。 | **Many people study Japanese through manga or anime.** |
| 私も海外ドラマで英語を学んでいます。 | **I'm learning English through foreign dramas.** |
| オタクとは漫画やゲーム、アニメなどに夢中な人のことです。 | **Otaku are people who are obsessed with manga, games or anime.**<br>obsessed with ～＝「～に夢中になっている」<br>⇐ What is an "Otaku"?（「オタク」って何？）<br>⇒ It means a nerd in English.（英語で言うと "nerd" にあたるかな） |
| 海外でもアニメのコスプレを楽しんでる人がいるみたいね。 | **People in other countries also enjoy wearing costumes of various anime characters.**<br>various＝「いろいろな」<br>⇒ I heard there are tours for anime and manga fans.（アニメや漫画ファンのためのツアーがあるらしいわよ） |

## スポーツについて話す

| | |
|---|---|
| ✓ 東京は2020年の夏のオリンピック開催地です。 | **Tokyo is going to be the venue for the 2020 Summer Olympics.**<br>venue for ～＝「～の開催地」 |

| | |
|---|---|
| 2020年のオリンピックは日本での4回目の開催になります。 | **The Olympics in 2020 will be the 4th Olympic Games in Japan.** |
| ✓ 相撲は日本の国技です。 | **Sumo wrestling is a Japanese national sport.** |
| 剣道や柔道を体育の授業で教える学校が多いです。 | **Most schools teach kendo or judo in PE class.**<br><br>🌸 PE class =「体育の授業」。「体育」を表す "PE" は "Physical Education" の略。 |
| 剣道は侍の剣術の訓練がルーツです。 | **Kendo has its origins in samurai sword fighting drills.**<br><br>🌸 have its origin in ～ =「～に起源がある」 |
| サッカーや野球が子どもたちに人気があります。 | **Soccer and baseball are popular with kids.**<br><br>🌸 soccer［米］、football［英］=「サッカー」 |
| 日本にも熱心なサッカーのサポーターがたくさんいます。 | **There are many devoted fans of soccer in Japan, too.**<br><br>🌸 devoted fan =「熱心なファン」<br>⇨ We have the same excitement as in other countries during the World Cup.（ワールドカップの熱狂ぶりは、他の国と変わりません） |
| 野球選手のイチローを知っていますか？ | **Do you know Ichiro, the famas baseball player?** |
| 甲子園で行われる高校野球は日本中が熱中します。 | **Many Japanese people get caught up in the fervor of the high school baseball tournaments at Koshien Stadium.** |
| 甲子園に出場することは高校野球の選手の憧れです。 | **It is the high school baseball players' dream to play in Koshien Stadium.** |
| 錦織圭はあなたの国でも有名ですか？ | **Is Kei Nishikori famous in your country too?** |

## Chapter 10

# レストラン・バー

Restaurant · Bar

Chapter 10
Restaurant ·
Bar

# お店の情報収集をする

## ✍ レストランやバーを教えてもらう

| | |
|---|---|
| 近くにおすすめのレストランはありますか? | **Are there any good restaurants near here?**<br><br>🌱 "Are there any ～s near here?" で「近くに～はありますか?」とたずねるときに使える万能フレーズ。 |
| ✓ 地元料理のおいしい店を教えてください。<br>Ⓐ | **Can you recommend any good local restaurants?**<br><br>🌱 local food =「地元料理」 |
| ✓ 近くに日本食のレストランはありますか?Ⓑ | **Are there any Japanese restaurants near here?** |
| 遅くまで営業しているレストランを知っていますか? | **Do you know of any restaurants that open late?** |
| 1人20ドルくらいのお店を探しているのですが。 | **I'm looking for a restaurant for about 20 dollars per person.** |
| ハラルフードのレストランを探しています。 | **I'm looking for a Halal restaurant.**<br><br>🌱 "Halal"「ハラル（またはハラール）」とは、イスラム教徒の人が食べることを許されている食材や料理のことで、調理法なども戒律に従って行われる。 |
| 近くにおすすめのナイトクラブはありますか?Ⓒ | **Are there any good nightclubs nearby?**<br><br>≡ Do you know of any clubs that put on a good show?（ショーを楽しめるクラブを知っていますか?） |

| 女性だけでも楽しめるクラブがいいのですが。 | I'd like to go to a club which is safe for women. |
|---|---|
| お店のあるあたりは夜でも安全ですか？ | Is it safe to walk around that area at night? |

🖋 walk around =「歩き回る」

| 予約は必要ですか？ | Do I need a reservation? |
|---|---|
| ショーはいつ始まりますか？ | When does the show start? |

≣ What time does the show start?（ショーは何時に始まりますか？）

| 入場料はいくらですか？ | How much is the admission fee? |
|---|---|
| 食事［飲み物］代も含まれますか？ | Does it include dinner [a drink]? |

**W** WORDBOOK
ワードブック

**A**

| 地元料理 local food | 魚料理 fish dishes | ステーキ steak | ハンバーガー burger |
|---|---|---|---|

**B**

| 日本食 | Japanese | メキシコ料理 | Mexican |
|---|---|---|---|
| イタリア料理 | Italian | 地中海料理 | Mediterranean |
| 中華料理 | Chinese | エスニック料理 | Ethnic |
| フランス料理 | French | タイ料理 | Thai |

**C**

| 夜景のきれいな with beautiful night view | ショーを観られる with a good show |
|---|---|
| リーズナブルに楽しめる with reasonable price | 生演奏が聞ける with live music |

# レストランでの やりとり

## 📝 予約する

| | |
|---|---|
| （ホテルなどで）この レストランに予約を 入れてください。 | **Could you make a reservation for me at this restaurant?** |
| （電話などで）予約を お願いします。 | **I'd like to make a reservation.**<br>🌿 make a reservation =「予約する」 |
| 今晩8時に3人で予 約したいのですが。 | **Could I reserve a table for 3 people at 8 tonight?** |
| 予約の変更〔キャン セル〕をお願いします。 | **I'd like to change [cancel] our reservation.** |
| 予約した時間に20 分ほど遅れます。 | **I'm sorry, we'll be 20 minutes late for the reservation.**<br>🌿 "I will be（時間）late for ~ " で、「~に（時間） 遅れます」と表現できる。 |
| 2名で予約しました が、4名に変更でき ますか? | **Can I change our reservation for 2 to 4?** |
| 服装の決まりはあり ますか? | **Do you have a dress code?**<br>🌿 お店によってドレスコードも異なるので、事前に調 べておく。ディナーはランチよりエレガントな装い を心がけよう。 |
| カジュアルな服装で も大丈夫ですか? | **Is casual dress okay?** |
| アレルギー対応の料 理はありますか? | **Do you have an allergen menu?** |

| ベジタリアンメニューはありますか？ | **Do you have a vegetarian menu?** |
|---|---|
| | ≡ Do you have a vegan menu? (ビーガンメニューはありますか？) |
| | ✿ "vegetarian" とは肉や魚を食べない人。さらに卵や乳製品を食べない人を "vegan" と言う。 |

## ☑ 入店時のやりとり

| 8時に3名で予約した佐藤です。 | **I've got a reservation for 3 at 8 under the name of Sato.** |
|---|---|
| | ✿ "for（人数）at（時間）" で 「〜時に○名」と詳細を伝えることができる。 |

| 予約をしていませんが、空いている席はありますか？ | **We don't have a reservation. Do you have any tables available?** |
|---|---|
| | ✿ available = 「利用できる」 |

| あとからもう1人来ます。 | **Another person is coming later.** |
|---|---|

| テーブル席にしてください。 🄰 | **We'd like a table.** |
|---|---|
| | ≡ Can I have a table by the window? (窓際の席にしてもらえますか？) |
| | ✿ table by the window = 「窓側の席」 |

| 全員一緒に座りたいのですが。 | **We'd like to sit together.** |
|---|---|

| コートを預かっていただけますか？ | **Can you take my coat, please?** |
|---|---|

WORDBOOK
ワードブック

🄰

| カウンター席 | counter seat |
|---|---|
| 静かな席 | quiet seat |
| テラス席 | patio table |
| 窓際の席 | table by the window |
| 眺めのいい席 | table with a nice view |
| 海の見える席 | table with an ocean view |

| どのくらい待ちますか？ | **How long will we have to wait?** |
|---|---|
| | ⇐ It'll be about 20 minutes.（20分ほどお待ちいただきます） |
| | ⇒ Okay. We'll wait.（わかりました。待ちます） |

| では、またの機会にします。 | **Well, we'll try some other day.** |
|---|---|
| | ⇐ I'm afraid all our tables are taken. Would you mind waiting?（満席なので少々お待ちいただけますか？） |
| | ⇒ Well, we'll try some other day.（では、またの機会にします） |

## ✏ メニューについてたずねる

| メニューを見せてもらえますか？ | **Can we have some menus, please?** |
|---|---|
| | ≡ May I see a menu, please?（メニューを見せていただけますか？） |

| 日本語のメニューはありますか？ | **Do you have a Japanese menu?** |
|---|---|

| この店のおすすめ料理はなんですか？ | **What do you recommend?** |
|---|---|
| | ✿ recommend =「すすめる」 |

| この土地の特別な料理はありますか？ | **Do you have any local speciality dishes?** |
|---|---|

| これはどんな料理ですか？ | **What kind of dish is this?** |
|---|---|

| この料理は辛いですか？ | **Is this food spicy?** |
|---|---|
| | ✿ sweet =「甘い」。hot =「食べて舌や体が熱くなる唐辛子の辛さ」。spicy =「香辛料の効いた辛さ」 |

| 量はどのくらいですか？ | **How big is the portion?** |
|---|---|

| 私は甲殻類アレルギーです。🅱 | **I have a shellfish allergy.** |
|---|---|

この料理にはエビやカニは使われていますか？

**Does this dish contain shrimp or crab?**

🐟 contain =「含む」
≡ Is there any egg in this?（この料理に卵は含まれていますか？）

レストラン・バー — レストランでのやりとり —

WORDBOOK
ワードブック

**B**

乳製品
**dairy products**

甲殻類
**shellfish**

卵
**eggs**

大豆
**soybeans**

小麦
**wheat**

WORD LIST

## メニュー・食材の名前

● 魚介類 seafoods

| スズキ | sea bass | ヒラメ／カレイ | flounder | シタビラメ | sole |
|---|---|---|---|---|---|
| タラ | codfish | ニシン | herring | サケ | salmon |
| ニジマス | rainbow trout | カツオ | bonito | イワシ | sardine |
| ナマズ | catfish | ウナギ | eel | マヒマヒ（シイラ） | mahi-mahi |
| タコ | octopus | カニ | crab | イカ | squid |
| 小エビ（芝エビ） | shrimp | ロブスター | lobster | 車エビ | prawn |
| ハマグリ | clam | カキ | oyster | ホタテ貝 | scallop |
| ムール貝 | blue mussel | アサリ | short-neck clam | アワビ | abalone |

● 肉類 meats

| 牛肉 | beef | 子牛肉 | veal | 牛サーロイン | beef sirloin |
|---|---|---|---|---|---|
| 牛ヒレ肉 | beef tenderloin | 牛肩ロース | chuck eye roll | | |
| 牛あばら肉 | beef rib | 牛尻肉 | beef rump | 牛テール（尾肉） | oxtail |
| 牛舌肉 | beef tongue | 豚肉 | pork | 豚ロース肉 | pork loin |
| 豚ヒレ肉 | pork tenderloin | 鶏肉 | chicken | 鶏胸肉 | chicken breast |
| 鶏手羽先 | chicken wing | 鶏もも肉 | chicken thigh | 七面鳥 | turkey |
| アヒル | duck | ガチョウ | goose | ウズラ | quail |
| 羊肉 | mutton | 子羊肉 | lamb | 鹿肉 | venison |

209

## ✍ 飲み物を注文する

| | |
|---|---|
| ワインリストをいただけますか？ | **Can I have the wine list?** |

| | |
|---|---|
| おすすめのワインはどれですか？ ◎ | **Which wine do you recommend?** |

> 🖐 選択肢がある中で「どれがおすすめですか？」とたずねる場合は "which"。何があるかわからない場合は "what" で「何がおすすめですか？」とたずねる。

| | |
|---|---|
| 自家製ワインをデキャンタでください。 ◻ | **I'd like a decanter of house wine.** |

| | |
|---|---|
| 辛口［甘口］の赤ワインをグラスでお願いします。 | **I'll have a glass of dry [sweet] red wine, please.** |

| | |
|---|---|
| ミネラルウォーターをもらえますか？ | **Can I have a bottle of mineral water?** |

> ⇐ We have sparkling or still. (炭酸入りと炭酸なしがあります)

> 🖐 "still" には「じっとした」「波立っていない」などの意味があり、ここでは「炭酸の入っていない」という意味を表す。

## ✍ 料理を注文する

| | |
|---|---|
| 注文をお願いします。 | **May I order, please?** |

| | |
|---|---|
| 本日のおすすめコースをください。 | **I'd like today's special, please.** |

| | |
|---|---|
| （メニューを指して）これにします。 | **I'll have this one.** |

> 🖐 料理や飲み物をオーダーするときは "I'll have ～" と言う。

| | |
|---|---|
| （彼女［彼］と）同じものをお願いします。 | **I'll have the same.** |

> 🖐 "Let" を使って "Let me have that." (私はそれにするわ) と言うと、少し控えめな印象を与えることができる。

| | |
|---|---|
| 少なめにしてもらえますか？ | **Could you bring me a smaller one?** |
| 塩を控えめにしてもらえますか？🇪 | **Could you add a little less salt, please?** |
| あまり辛くしないでください。 | **Please don't make it too spicy.** |
| これを卵抜きで作ることはできますか？ | **Could you make this without eggs?**<br>🐟 without ～＝「～抜きで」 |
| 以上でお願いします。 | **That's all, thank you.** |
| 注文を変えてもいいですか？ | **May I change my order?**<br>⇐ Sure, no problem.（かまいませんよ） |

**WORDBOOK ワードブック**

**C**

| | | |
|---|---|---|
| ワイン<br>wine | 自家製ワイン<br>house wine | 地ビール<br>craft beer |

**D**

| | | |
|---|---|---|
| グラス<br>a glass of | ボトル<br>a bottle of | デキャンタ<br>a decanter of |

**E**

| | | |
|---|---|---|
| スパイス **spice** | ニンニク **garlic** | 油 **oil** |

211

## ☑ 食事中に依頼する

| | |
|---|---|
| （ウェイターを呼ぶとき）すみません。 | **Excuse me.** |
| 分けて食べるのでお皿をもらえますか？ | **Can I have some extra plates?** |
| | ≣ We'd like to share the salad. Could we get some more plates?（サラダをシェアしたいのですが、取り皿をいただけますか？） |
| お箸はありますか？ | **Do you have any chopsticks?** |
| | ≣ May I use chopsticks?（お箸を使ってもよろしいですか？） |
| ナイフ［フォーク］を落としたので、代わりをもらえますか？ | **I dropped my knife [fork]. Would you bring me another one?** |
| すみません。ワインをこぼしてしまいました。 | **I'm sorry, I've spilt some wine.** |
| | 🌱 spill =「こぼす」 |
| | ≣ Sorry, I've spillt my soup. Could you wipe a spill?（すみません、スープをこぼしました。拭いていただけますか？） |
| これと同じものをもう1杯ください。 | **Can I have another glass?** |
| | ≣ Can I have a refill?（お代わりをもらえますか？） |
| | 🌱 refill =「お代わり」 |
| パンをもう少しください。 | **Please give me some more bread.** |
| お水を一杯いただけますか？ | **May I have a glass of water, please?** |
| とてもおいしかったです。 | **It was a wonderful meal.** |
| | ⇐ Are you finished?（お食事はお済みですか？） |
| | ⇒ Yes. It was a wonderful meal.（はい。とてもおいしかったです） |
| | ⇒ No, I'm not finished with this yet.（いいえ、まだ終わっていません） |

| これを下げてもらえますか？ | **Could you take this away?** |
|---|---|
| | 🌸 take ～ away =「～を下げる」「～を片付ける」 |

## 🗹 会計する

| お会計をお願いします。 | **Can I have the check (bill)?** |
|---|---|
| | ≡ Can I get the bill?（お会計をお願いできますか？） |
| | 🌸 「お会計」や「お勘定」を表す言葉として、アメリカでは "check"、イギリスでは "bill" が使われる。 |

| どこで払えばいいですか？ | **Where do I pay?** |
|---|---|

| 支払いは別々にしてもらえますか？ | **Can we pay separately?** |
|---|---|

| クレジットカードで支払えますか？ | **Do you accept credit cards?** |
|---|---|

| チップは含まれていますか？ | **Is tip included?** |
|---|---|
| | 🌸 "tip" の他に、"service charge" や "gratuity" もチップを表す言葉。"gratuity included" とある場合は、チップをあらかじめ含んだ料金となっている。 |

| レシート（領収書）をください。 | **May I have a receipt?** |
|---|---|

| おつりは取っておいてください。 | **Thank you. Please keep the change.** |
|---|---|

## ✍ トラブル

| | |
|---|---|
| これは注文していま せんよ。 | **I didn't order this.**<br>≡ We didn't order any wine.（ワインは注文してい ませんが） |
| 30分ほど前に注文し たのですが、まだ料 理がきません。 | **I ordered about 30 minutes ago, but it hasn't come yet.** |
| スープがぬるいです。 | **This soup is not hot enough.**<br>🐾 not hot enough =「十分熱くない=ぬるい」 |
| この豚肉は火が通っ ていません。 | **This pork seems a bit rare.**<br>≡ This pork is undercooked.（この豚肉は生焼け です）<br>🐾 undercooked =「生焼け」。overcooked =「焼 きすぎ」 |
| 料理に髪の毛が入っ ていました。 | **There's a hair in my food.** |
| これはなんの料金で すか? | **What's this charge for?** |
| この金額は正しくな いようですが。 | **I think this check is not right.** |

### 味覚の表現

| 熱い | hot | ぬるい | lukewarm | 冷たい | cold |
|---|---|---|---|---|---|
| 甘い | sweet | 辛い | hot | 塩辛い | salty |
| 脂っこい | greasy | すっぱい | sour | 苦い | bitter |
| スパイスの 効いた | spicy | 汁気の 多い | juicy | 滑らかな | creamy |
| (肉が) 固い | tough | | (肉が) 柔らかい | tender | |
| 味が濃い | strong flavor | | 味が薄い | weak flavor | |

# ファストフード・カフェでのやりとり

## ✑ ファストフードで注文する

| | |
|---|---|
| （メニューを指差して）これとこれをください。 | **I'll have this one and this one.** |

| | |
|---|---|
| 6番のセット（コンボ）をください。 | **No.6 combo, please.** |

| | |
|---|---|
| 店内で食べます。 | **For here, please.** [米]<br>**Eat in, please.** [英] |

⇐ For here or to go? [米]  Eat in or take away? [英]
（こちらでお召し上がりですか、お持ち帰りですか？）
⇒ For here, please. [米]  Eat in, please. [英]
（店内で食べます）

| | |
|---|---|
| 持ち帰りでお願いします。 | **To go, please.** [米]<br>**Take away, please.** [英] |

| | |
|---|---|
| ピクルスは抜いてください。 | **No pickles, please.** |

⇐ Would you like everything on it? （トッピングはすべてのせますか？）
⇒ No pickles, please. （ピクルスは抜いてください）

| | |
|---|---|
| ケチャップをもらえますか？ | **Can I have some ketchup?** |

## ✑ セルフ式のカフェでのやりとり

| | |
|---|---|
| （メニューを見ながら）これをください。 | **Can I have this, please?** |

| | |
|---|---|
| アイスのメープルラテをトールでください。 | **I'll have tall, iced maple latte.** |

≣ I'll have a maple latte. （メープルラテをください）

| | |
|---|---|
| ショートのノンカフェインコーヒーをお願いします。 | **Let me have a short decaf coffee.**<br><br>🌸 decaf =「カフェイン抜き」 |
| コーヒーをテイクアウトでお願いします。 | **I'll take a coffee to go [take away].**<br><br>≡ Can I get a coffee with milk [sugar]?(コーヒーとミルク［砂糖］をお願いします） |
| 水をもらえますか？ | **Can I have some water?** |

## ☑ コーヒーショップでのやりとり

| | |
|---|---|
| メニューをください。 | **Could I have a menu?** |
| コーヒーを2つください。 | **Two cups of coffee, please.** |
| サンドウィッチのような軽いものはありますか？ | **Do you have anything light, like a sandwich?**<br><br>🌸 anyething light =「何か軽いもの」 |
| このセットには何がつきますか？ | **What does this combo come with?** |
| どのケーキがおすすめですか？ | **Which cake do you recommend?**<br><br>⇒ I recommend the red velvet cake. (レッドベルベットケーキです） |
| 注文はどうすればいいですか？ | **May I ask how to order?** |
| テーブルを片付けてもらえますか？ | **Could you clean the table?** |

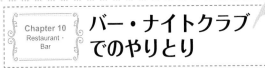

# バー・ナイトクラブでのやりとり

## 注文する

| | |
|---|---|
| 何を飲まれますか? | **What would you like to drink?**<br>≡ What are you having? (何を飲む?) |
| とりあえずビールをお願いします。 | **I'll start with a beer.**<br>≡ I'll start with a beer and some edamame. (とりあえずビールと枝豆で) |
| グラスワインの白をください。 A | **I'd like a glass of white wine please.**<br>≡ Margarita, please. (マルガリータをください) |
| バドワイザーを2つください。 | **Can we have 2 Budweisers, please?** |
| ウイスキーを水割りでお願いします。 B | **I'll have a whisky with water.**<br>🖋 with ~ = 「~割り」 |
| 飲み放題のプランにしよう。 | **Let's order the all-you-can-drink plan.**<br>🖋 all-you-can-drink = 「飲み放題」。all-you-can-eat = 「食べ放題」 |

### WORDBOOK ワードブック

**A**

| | | | |
|---|---|---|---|
| ワイン | wine | 地ビール | local beer |
| カクテル | cocktail | コーラ | coke |
| ビール | beer | 水 | water |

**B**

| | | | |
|---|---|---|---|
| 水割り | with water | ストレート | straight |
| ロック | on the rocks | ソーダ割り | and soda |

レストラン・バー ― ファストフード・カフェでのやりとり／バー・ナイトクラブでのやりとり ―

217

| | |
|---|---|
| おすすめのカクテルはどれですか？ | **Which cocktail do you recommend?** |
| ラムの入ったカクテルをください。 | **Let me have a cocktail with rum.** |
| ノンアルコールカクテルはありますか？ | **Do you have any non-alcoholic cocktails?** |

> 🍸 ノンアルコールカクテルを "mocktail" と呼び、海外のバーでも定番となっている。「mock（ニセモノ）＋ cocktail（カクテル）」の意味。

| | |
|---|---|
| それをください。 | **I'll have that one.** |

## 🎤 お店の人にたずねる

| | |
|---|---|
| この店は何時まで開いていますか？ | **How late are you open?** |
| お料理はありますか？ | **Do you do food?** |

> ☰ Do you have a food menu?（食事のメニューはありますか？）

| | |
|---|---|
| タクシーはどこで拾えますか？ | **Where can I catch a taxi?** |
| トイレはどこですか？ | **Where is the restroom?** |

## 🎤 バーでの会話

| | |
|---|---|
| どのお酒が一番好きですか？ | **What's your favorite drink?** |
| このお店特別なカクテルがあるんだって。 | **I heard they serve a special cocktail here.** |
| おすすめはありますか？ | **What would you recommend?** |
| （それぞれ）同じものをもう1杯ください。 | **We'd like another round please.** |

| | |
|---|---|
| もう一杯いる？ | **Care for another?** |
| 一杯おごるよ。 | **I'll buy you a drink.** |
| とてもロマンチックで素敵ね。 | **This is very romantic.**<br><br>≡ It has a romantic atmosphere.（ロマンチックな雰囲気ね）<br>🌸 atmosphere =「雰囲気」 |
| 飲むと顔が真っ赤になるんです。 | **I turn bright red when I drink.**<br><br>🌸 turn bright red =「真っ赤になる」 |
| ちょっと酔っ払っちゃったみたい。 | **I think I'm a little drunk.** |
| 飲みすぎちゃった。 | **I drank too much.**<br><br>≡ Don't drink too much.（飲みすぎちゃダメだよ） |
| そろそろお店を出ようか？ | **Shall we go?** |

## ✔ 会計する

| | |
|---|---|
| ✓ お勘定をお願いします。 | **Check [My bill], please.** |
| おごるよ。 | **It's on me.**<br><br>≡ Let's have a dessert. It's on me.（デザートでも食べようか。おごるよ）<br>≡ It's my treat.（ご馳走しますよ） |
| お勘定は私にまかせて。 | **Let me get it.**<br><br>🌸 カジュアルな表現。"it" は伝票を指すので "I'll get the bill." と言うこともできる。 |
| 割り勘にしましょう。<br>✓ | **Let's split the bill.**<br><br>🌸 split the bill =「割り勘」。「割り勘」を表現する "Go dutch" は差別的なニュアンスを含むので使わないほうがいい。 |

219

| 立て替えておくね。 | **I'll pay for you. Just pay me back later.** |
|---|---|

🖋 "pay back later"（返金する）を言い忘れると「ごちそうしてあげるね」の意味になるので注意。

| 立て替えてもらってもいいかな？ | **Can I pay you back later?** |
|---|---|

| お会計は別々にしてもらえますか？ | **Can we get separate checks, please?** |
|---|---|

≡ We'd like separate bills, please.（お会計は別々にさせてもらえますか？）

| 12000円を4人で割りますね。 | **We'll divide the 12 thousand yen by 4.** |
|---|---|

🖋 divide =「割る」

| 一人3000円ずつね。 | **It's 3 thousand yen each, okay?** |
|---|---|

⇨ You didn't drink much, so 2 thousand yen is enough from you.（あまり飲まなかったから、2000円でいいですよ）
⇦ Well, I'll give you 25 hundred yen.（じゃあ、2500円出すよ）

## 📖 1杯ごとの会計

| 合計で20ドル50セントです。 | **That's 20 dollars and 50 cents.** |
|---|---|

| あとで会計しますか？ | **Would you like to open a tab?** |
|---|---|

🖋 tab =「お勘定」。open a tab =「後払い」「つけ払い」

| ✓ | （あとで）まとめて払います。 | **I'd like to open a tab.** |
|---|---|---|

🖋 注文ごとにその場で支払う場合の返答。
⇦ Would you like to open a tab?（あとで会計しますか？）
⇨ Yes, I'd like to open a tab.（[あとで] まとめて払います）
⇨ No, I'd like to pay now.（今、払います）

| （ホテルのバーで）部屋につけてください。 | **Put it on my room tab.** |
|---|---|

# Chapter 11

# ショッピング

Shopping

# ショッピングの基本フレーズ

##  お店についてたずねる

| | |
|---|---|
| 化粧品を買いたいのですが。**A** | I'd like to buy some cosmetics. |
| 時計を安く買えるお店はありますか? | Do you know of any good shops where I can buy a watch at a good price? |
| 近くにショッピングモールはありますか?**B** | Is there a shopping mall (shopping center) near here? |
| 免税店の場所を教えてください。 | Could you tell me where is a duty-free shop? |
| 女性に人気のお店を教えてください。 | What shops do women like? |
| 今、流行のブランドはなんですか? | Which brands are popular at the moment? |
| お店の場所を教えてもらえますか? | Where is the shop located? |
| | ≡ Where is the Chanel shop?(シャネルのお店はどこにありますか?) |
| ハロッズまで歩いて行けますか? | Can I walk to Harrods? |
| どのように行けばいいですか? | How can I get there? |
| その店の営業時間はわかりますか? | Do you know what the store's opening hours are? |
| | ❀ opening hours =「営業時間」<br>≡ What time does it close?(何時に閉店ですか?) |

## A

ブランド品
**luxury brand**

化粧品
**cosmetics**

アクセサリー
**accessory**

バッグ
**bag**

靴
**shoes**

時計
**watch**

洋服
**clothes**

みやげもの
**souvenir/gift**

日用雑貨
**convenience goods**

## B

| | |
|---|---|
| 免税店 | **duty-free shop** |
| デパート | **department store** |
| ショッピング街 | **shopping area** |
| ショッピングセンター | **shopping mall**［米］ **shopping center**［英］ |
| アウトレット | **outlet mall** |
| みやげもの屋 | **souvenir shop** |
| 家電量販店 | **electronics retail store** |
| スーパーマーケット | **supermarket** |
| ドラッグストア | **drug store** |
| スポーツ用品店 | **sporting goods shop** |

ショッピング ― ショッピングの基本フレーズ ―

223

## ☑ 売り場などをたずねる

婦人服売り場はどこですか？ G

**Where is the women's clothes department?**

> 🖋 "department" はこの場合は「売り場」を表す。

試着室はどこですか？ D

**Where is the fitting room?**

> ⬅ It's over there. （あちらにございます）

（売り場で）ネクタイはどこにありますか？

**Where can I find the ties?**

## ☑ 店内でのやりとり

友人へのみやげものを探しています。

**I'm looking for some gifts for my friends.**

> 🖋 友人や家族のために買うおみやげは "gift" や "present"。英語の "souvenir" は自分への旅の記念というイメージで使われることが多い。

ありがとう。ちょっと見ているだけです。

**I'm just looking, thank you.**

> ⬅ May I help you? （何かお探しですか？）
> ⇨ I'm just looking, thank you.（ありがとう。ちょっと見ているだけです）

あれ［これ］を見せてもらえますか？

**May I take a look at that [this]?**

ケースの中にあるものを見たいのですが。

**Could I see the one in the display case?**

> ≡ I'd like to see the one in the window. （ウィンドウに飾ってあるのを見たいのですが）

右［左］から3番めのものをお願いします。

**I want the third one from the right [left].**

手にとってもいいですか？

**Can I hold it?**

C

| 婦人服 | 紳士服 | 子ども服 |
| women's clothes | men's clothes | kid's clothes |

| 靴 | バッグ | アクセサリー | 貴金属 |
| shoes | bag | accessory | jewelry |

| 化粧品 | 日用雑貨 | 家電製品 |
| cosmetics | convenience goods | home electronics |

| 食品 | 玩具 | インテリア用品 | スポーツ用品 |
| food | toy | interior goods | sporting goods |

D

| 試着室 | フロアマップ | エスカレーター | エレベーター |
| fitting room | floor map | escalator | elevator |

| レジ | 案内所 | 荷物預かり所 |
| cashier | information desk | baggage storage |

ショッピング ― ショッピングの基本フレーズ ―

| 別のものを見せてもらえますか？ | **Could you show me another one, please?** |
|---|---|
| ✓ これはいくらですか？ | **How much is this?** |
| ✓ 支払いはどこですればいいですか？ | **Where should I pay?** |
| ありがとう。またにします。 | **Thank you, but I'll come back later.** |
| ちょっとイメージと違いました。 | **This is not what I expected.**<br>🌸「予想していたものと違った」というときに使う定番フレーズ。 |

## 🖰 会計する

| ✓ これをください。 | **I'll take this one.**<br>🌸 ショッピングの場合 "take" は「買います」という意味。<br>≡ I'll take them.（これらをください） |
|---|---|
| これを3つください。 | **I'd like 3 of these.** |
| 30ドルですか？<br>13ドルですか？ | **Did you say 30 or 13?**<br>≡ Could you say that again please?（もう一度言っていただけますか？） |
| 税金は含まれていますか？ | **Is tax included?** |
| クレジットカードは使えますか？ | **Do you accept credit cards?**<br>⇐ I am sorry, but we don't accept credit cards.（すみません、カードでの支払いはお受けしておりません） |
| どこにサインすればいいですか？ | **Where should I sign?** |
| 領収書をください。 | **May I have a receipt, please?** |

| Chapter 11 | 服を買うときの |
| --- | --- |
| Shopping | やりとり |

## 📝 店内でのやりとり

| ブラウスを探しています。 | I'm looking for a blouse. |
| --- | --- |

| もう少しカジュアルなものはありますか？ | Do you have anything more casual? |
| --- | --- |

| ビジネス向きの服はありますか？ | Do you have any business clothes? |
| --- | --- |

🖋 "clothes"（服）に似ている単語として、"cloth"（布や布地）、"clothing"（衣類全般を表す）などがある。

| 今、流行っているジャケットはどれですか？ | Which is a popular jacket now? |
| --- | --- |

| これを見せてもらえますか？ | May I see this? |
| --- | --- |

| 鏡の前であててもいいですか？ | May I use a mirror? |
| --- | --- |

| 試着してもいいですか？ | Can I try this on? |
| --- | --- |

| もう一度着てもいいですか？ | Can I try it on again? |
| --- | --- |

| これはいくらですか？ | How much is this? |
| --- | --- |

| もう少し安いものはありますか？ | Do you have a little bit cheaper one? |
| --- | --- |

## ☑ 素材や色、柄についてのやりとり

| | |
|---|---|
| カシミアのセーターはありますか？ | **Do you have any cashmere sweaters?** |
| 素材はなんですか？ | **What's it made of?**<br>← It's 70% silk and 30% cotton.（シルク 70%と綿 30%です）<br>❀ made of ～=「～製」「～でできている」 |
| なんの革ですか？ | **What kind of leather is this?** |
| シルクを使ったものはありますか？ | **Are there anything made of silk?** |

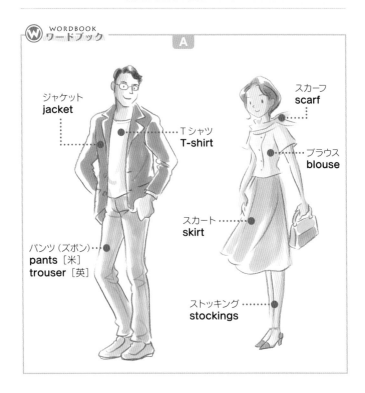

WORDBOOK
ワードブック

A

ジャケット
jacket

Tシャツ
T-shirt

スカーフ
scarf

ブラウス
blouse

スカート
skirt

パンツ（ズボン）
pants［米］
trouser［英］

ストッキング
stockings

| (これと同じ物で) 他の色はありますか？ | **Do you have this in different colors?** |
|---|---|
| | ≡ Is this the only color you have? (色はこれだけですか？) |

| 今、流行っているのは何色ですか？ | **What colors are hot right now?** |
|---|---|
| | ⇐ Bright colors are popular this year. (今年は明るい色が流行っています) |

| 色は赤がいいです。 | **I like the color red.** |
|---|---|

| もっと明るい色［暗い色］はありますか？ | **Do you have it in a brighter [darker] color?** |
|---|---|

| ドット柄（水玉模様）はありますか？ | **Do you have it in polka dot?** |
|---|---|
| | ✿ polka dot =「水玉模様」 |

## 📱 サイズについてのやりとり

| 膝丈のスカートを探しています。 | **I'm looking for a knee length skirt.** |
|---|---|
| | ✿ "knee length" は「膝丈」、"knee high" は「膝上」と言う。 |

| 日本のサイズで9号です。 | **My size is 9 in Japanese sizes.** |
|---|---|
| | ⇐ What size are you? (サイズはおいくつですか？)<br>⇒ 9 in Japanese sizes. (日本のサイズで9号です) |

| アメリカのサイズはわかりません。 | **I don't know my size in American measurements.** |
|---|---|

| サイズを測ってもらえますか？ | **Could you check my size?** |
|---|---|

| このサイズでぴったりです。 | **This fits me well.** |
|---|---|
| | ⇐ How about this one? (これはいかがでしょう？)<br>⇒ This fits me well. (このサイズでぴったりです) |

| 長すぎ［短すぎ］ます。 | **This is too long [short].** |
|---|---|

ショッピング ― 服を買うときのやりとり ―

| ちょっときつい [ゆるい] です。 | **This is a little tight [loose].** |
| --- | --- |
| | ≡ This is too loose around the waist. (ウエスト周りがゆるいです) |

| もう少し小さい [大きい] ものはありますか? | **Do you have a smaller [bigger] one?** |
| --- | --- |
| | ≡ Do you have this in a medium? (M サイズはありますか?) |

## サイズを直す

| サイズ直しをお願いします。 | **Can I get it altered?** |
| --- | --- |
| | ≡ Could you alter these pants? (パンツのお直しをお願いします) |
| | ✿ alter =「変える」「仕立て直す」 |

| (サイズ直しは) いくらですか? | **How much will it cost to alter it?** |
| --- | --- |

| いつまでにできますか? | **When will it be ready?** |
| --- | --- |
| | ⇐ It'll be ready in 3 days. (直しに 3 日かかります) |

| 4時までに仕上げてもらえますか? | **Can I pick it up by 4?** |
| --- | --- |
| | ≡ Can I pick it up in 2 hours? (あと 2 時間で仕上げてもらえますか?) |

| では結構です。 | **Well then, I don't need it altering.** |
| --- | --- |

| 丈を直して欲しいのですが。 | **I'd like to adjust the length.** |
| --- | --- |

| すそを詰めて [伸ばして] ください。 | **Please shorten [lengthen] the hem.** |
| --- | --- |
| | ≡ Can you take up the hem? (すそを詰めてください) |
| | ⇐ Is this length okay for you? (長さはこのくらいでいかがですか?) |
| | ✿ hem =「すそ」 |

Chapter 11
Shopping

# 化粧品を買う ときのやりとり

## 店内でのやりとり

| 口紅を探しています。 A | **I'm looking for some lipstick.** |
|---|---|
| | ⇐ What color do you usually use?（普段どのような色をお使いですか？）<br>⇒ I usually wear red lipstick.（普段は赤系の口紅を付けます） |
| ディオールはどこにありますか？ | **Where is Dior?** |
| 一番人気のあるアイシャドウはどれですか？ | **What is the most popular eye shadow here?** |
| 日本人に人気のあるものはどれですか？ | **Which product is popular with Japanese customers?** |
| シャネルの新色の口紅はありますか？ | **Do you have the new color of lipstick from Chanel?** |
| 美白効果のある美容液はありますか？ | **Do you have a serum for whitening?** |
| | 🌸 serum=「美容液」。"lotion" や "toner" は「化粧水」にあたる。 |
| 保湿クリームはありますか？ | **Do you have a moisturizer?** |
| 刺激の少ないものがいいのですが。 | **I'd like to have something mild.** |
| | ☰ I'm looking for a primer which won't irritate the skin.（肌に負担の少ない下地を探しています）<br>🌸 primer =「下地」。irritate =「刺激」 |
| （肌質は）乾燥肌［敏感肌］です。 | **I have dry skin [sensitive skin].** |

231

| | |
|---|---|
| どんな効果がありますか？ | **How does it work?** |
| | ⇐ It smooths the skin.（肌をなめらかにします） |
| 肌に優しいですか？ | **Is this gentle on skin?** |
| 試してみてもいいですか？ | **Can I try some on?** |
| もう少し薄い［濃い］色はありますか？ | **Do you have a lighter [darker] color?** |
| | ⇒ Which do you recommend for my skin tone?<br>（私の肌のトーンにはどれがいいでしょうか？） |
| 私の肌の色には合わないようです。 | **It doesn't match my skin color.** |
| これの試供品はありますか？ | **Do you have a sample of this ?** |

WORDBOOK
ワードブック

A

| | | | |
|---|---|---|---|
| 口紅<br>lipstick | リップグロス<br>lip gloss | 香水<br>perfume | ファンデーション<br>foundation |
| アイシャドウ<br>eye shadow | アイライナー<br>eyeliner | チーク<br>blush | マニキュア<br>nail enamel［米］<br>nail varnish［英］ |

232

# バッグ・財布・靴を買うときのやりとり

## バッグ・財布を買う

| | |
|---|---|
| ハンドバッグを探しています。 🅰 ✓ | **I'm looking for a purse [handbag].**<br>※ ハンドバッグはアメリカでは "purse" という言い方が使われ、イギリスでは "handbag" が使われる。 |
| コーチのバッグを扱っていますか？ | **Do you have some COACH bags?** |
| バレンシアガの新作はありますか？ | **Do you carry some BALENCIAGA's new products?**<br>※ お店などビジネスの場面では、"carry" を「～を扱う」という意味で用いる。 |
| 今、人気があるブランドはなんですか？ | **Which brands are popular now?** |
| 素材はなんですか？ | **What is this made of?**<br>≡ Is this real leather?（これは本革ですか？） |
| （写真を見せながら）これと同じものはありますか？ | **Do you have the same product in this picture?** |
| 母［父］へのおみやげを探しています。 | **I'm looking for a gift for my mother [father].** |

## 靴を買う

| | |
|---|---|
| この靴を履いてみたいのですが。 ✓ | **I'd like to try these on.**<br>⇐ Please have a seat here.（こちらにおかけください） |

233

| 足のサイズを測ってもらえますか？ | Could you measure my feet? |
|---|---|
| ピッタリです。 | These fits well. |
| つま先がきついです。 | These shoes are pinching my toes. |

≡ I have bunions.（外反母趾なんです）

🐾 "pinch" は「はさむ」「締めつける」という意味があり、「靴が締めつける＝きつい」という表現になる。bunion＝「外反母趾」。

| ヒールが高すぎます。 | The heels are too high. |
|---|---|
| 違う色はありますか？ | Do you have these in different color? |
| もうワンサイズ上[下]はありますか？ | Does these come in a larger [smaller] size? |
| 履いて帰りたいのですが。 | I'd like to wear them straight out of the store. |

**WORDBOOK ワードブック**

A

ハンドバッグ
**purse**［米］
**handbag**［英］

ショルダーバッグ
**shoulder bag**

クラッチバッグ
**clutch bag**

化粧ポーチ
**pouch**

財布（札入れ）
**wallet**

小銭入れ
**change purse**［米］
**purse**［英］

| ビジネスバッグ | **business bag** | ボストンバッグ | **boston bag** |
|---|---|---|---|
| アタッシュケース | **attache case** | ブリーフケース | **briefcase** |

# アクセサリー・腕時計を 買うときのやりとり

## ☑ アクセサリーを買う

| | |
|---|---|
| この指輪を見せてもらえますか？ 🅰 | **May I see this ring?** |
| 左［右］から3番めにあるものです。 | **The third one from the left [right], please.** |
| これはなんの石ですか？ | **What kind of gemstone is this?** |
| | 🌸 gemstone =「宝石」 |
| これは18金ですか？ | **Is this 18 karat gold?** |
| ペアリングを見せてもらえますか？ | **Can we see the couples rings?** |
| 指のサイズを測ってもらえますか？ | **Could you measure my finger?** |
| サイズを直していただけますか？ | **Could you resize this ring?** |
| 文字を彫ってもらえますか？ | **Can I get it engraved?** |
| | ⇒ Please engrave NK on the inside.（内側に「NK」と彫ってください） |
| | 🌸 engrave =「刻む」「刻印する」 |
| 保証書［鑑定書］は付いていますか？ | **Does this come with a warranty [certificate of appraisal]?** |
| | 🌸 warranty =「保証書」。certificate of appraisal =「鑑定書」 |

# ☑ 腕時計を買う

| | |
|---|---|
| どこのブランドのものですか？ | **What brand is this?** |
| 最新のモデルはどれですか？ | **Which one is the latest model?** |
| このモデルの男性用[女性用]はありますか？ | **Do you have this in a men's [lady's] version?** |
| 防水ですか？ | **Is it waterproof?** |
| 日本でも修理できますか？ | **Can I get this repaired in Japan?** |

≡ Can I change this watch band in Japan?（日本でもこの時計のバンドを取り替えられますか？）

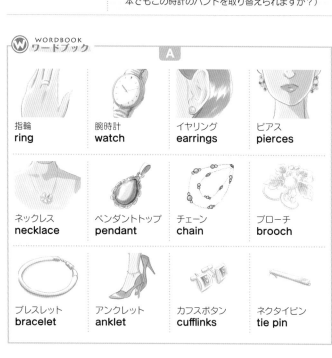

**WORDBOOK ワードブック** ── A

| | | | |
|---|---|---|---|
| 指輪<br>**ring** | 腕時計<br>**watch** | イヤリング<br>**earrings** | ピアス<br>**pierces** |
| ネックレス<br>**necklace** | ペンダントトップ<br>**pendant** | チェーン<br>**chain** | ブローチ<br>**brooch** |
| ブレスレット<br>**bracelet** | アンクレット<br>**anklet** | カフスボタン<br>**cufflinks** | ネクタイピン<br>**tie pin** |

# 雑貨・おみやげを買うときのやりとり

## 🗷 雑貨・おみやげを買う

| | |
|---|---|
| アンティーク品を売っているお店を知ってますか？🅰 | **Do you know of any shops carrying antiques?**<br>≡ I'm looking for a local specialty.（名産品を探しています） |
| おみやげにおすすめなものはありますか？ | **What do you recommend for a souvenir?**<br>✏ 「お土産」を表す "souvenir" は、誰かへのプレゼント（gift）というよりも、その場所やイベントの記念品というニュアンスで使う。 |
| 女性［男性］に人気のあるものはどれですか？ | **Which is popular among women [men]?** |
| 伝統的なデザインはどれですか？ | **Which designs are more traditional?** |
| これよりも小さい［大きい］サイズはありますか？ | **Do you have any like this in a smaller [bigger] size?** |
| セットになっているものはありますか？ | **Do you have any in sets?** |
| （商品に）触ってもいいですか？ | **Can I touch it?**<br>⇐ Sure, go ahead.（ええ、どうぞ） |
| これはどうやって使うんですか？ | **How do you use this?** |
| このお皿を手に取ってもいいですか？ | **Can I hold this plate?** |

237

| | |
|---|---|
| このペンを試し書きしてもいいですか？ | Can I try out this pen? |
| 別の色［柄］はありますか？ | Do you have any different colors [designs]? |
| 他には何がありますか？ | What else do you have? |
| この中身はなんですか？ | What's inside this? |
| これは電子レンジ［食洗機］で使えますか？ | Is this microwave-safe [dishwasher-safe]? |
| これは売り物ですか？ | Is this for sale? |

WORDBOOK
ワードブック

アンティーク品
antiques

日用雑貨
convenience goods

アクセサリー
accessories

手作りのもの
hand made products

古着
used clothes

地元の食べ物
local foods

## Chapter 12

# 接客での会話

### Customer service

# 接客の基本フレーズ

## ✒ あいさつ・お声がけ

| | |
|---|---|
| ✓ こんにちは。 | **Hello. How are you?** |
| | ❀ 問いかけではなく、「いらっしゃいませ」のお声がけに近いニュアンス。 |
| いらっしゃいませ。 | **Good morning.** |
| | ❀ 時間帯に合わせて "Good morning."、"Good afternoon."、"Good evening." とあいさつするのが一般的。 |
| 「ヴォヤージュ」へようこそ！ | **Welcome to "Voyage"!** |
| | ❀ お客様に声をかけるときは、年齢に関係なく "sir."（男性客）、"ma'am" または "Ms."（女性客）とする。 |
| ご予約はありますか？ | **Do you have a reservation?** |
| お名前を伺ってもよろしいですか？ | **May I have your name?** |
| ご来店は初めてですか？ | **Have you been here before?** |
| 本日はご来店いただきありがとうございます。 | **Thank you very much for coming today.** |
| またのご来店をお待ちしております。 | **We look forward to seeing you again.** |
| ✓ よい一日を。 | **Have a nice day.** |
| 日本での滞在を楽しんでください！ | **Please enjoy your stay in Japan!** |
| お忘れ物はありませんか？ | **Please make sure to take all your belongings with you.** |
| | ❀ belongings =「持ち物」 |

| お困りですか？ | **May I help you?** |
| --- | --- |
| ✓ | 🕊 「お困りですか？」「お探しですか？」といったシーンでのお声がけフレーズ。「いらっしゃいませ」の意味ではあまり使わない。 |

| ✓ 何かお探しですか？ | **Can I help you find something?** |
| --- | --- |

| もう一度言っていただけますか？ | **Could you say that again please?** |
| --- | --- |
| | ≡ Could you speak slower, please?（もう少しゆっくりお話しいただけますか？） |

| かしこまりました。 | **Certainly.** |
| --- | --- |
| ✓ | 🕊 承知したことを伝える、丁寧な受け答え。<br>≡ Sure.（いいですよ） |

| ご案内します、こちらへどうぞ。 | **I'll show you, please follow me.** |
| --- | --- |

| すぐお持ちします。 | **I'll bring it to you right away.** |
| --- | --- |

| 在庫があるか確認します。 | **Let me check if we have any more in stock.** |
| --- | --- |
| | 🕊 in stock =「在庫の」<br>⇒ I'm sorry, but that item is now out of stock.（申し訳ありません。ただいま在庫切れです） |

接客での会話 ― 接客の基本フレーズ ―

| | |
|---|---|
| 少々お待ちください。 | **Just a moment, please.** |
| すぐに戻ります。 | **I'll be right back.** |
| | ≡ I'll be right there.（すぐにまいります） |
| お待たせいたしました。 | **Thank you for waiting.** |

## レジ・お会計でのやりとり

| | |
|---|---|
| お支払い方法はどういたしますか？ | **How would you like to pay?** |
| | ≡ Cash or card?（カードか現金のどちらにしますか？） |
| ✓ お会計は7500円です。 | **The total is 75 hundred yen.** |
| 10000円お預かりします。 | **That's 10 thousand yen.** |
| ✓ こちらお釣りとレシートです。 | **Here're your change and the receipt.** |
| お支払いはカードでよろしいですか？ | **Would you pay by credit card?** |
| お支払いはご一括でよろしいですか？ | **Would you like a lump sum payment?** |
| | 🌱 lump sum payment =「一括払い」 |
| 暗証番号を入力してください。 | **Please enter your PIN.** |
| | 🌱 PIN（暗証番号）= Personal Identification Number |
| こちらにサインをお願いします。 | **Could I have your signature here?** |
| すみません、カードでの支払いはお受けしておりません。 | **I am sorry, but we don't accept credit cards.** |
| | ≡ We only accept cash.（現金のみとなります） |

| | |
|---|---|
| コンビニか郵便局のATMで現金を下ろせますよ。 | **You can withdraw cash at convenience stores or post office ATMs.** |
| 外貨はご利用いただけません。 | **We don't accept foreign currencies.**<br><br>🖙 foreign currencies =「外貨」。accept =「受け入れる」。ここでは "don't accept" で「受け付けていない」=「利用できない」となる。 |
| ポイントカードはお持ちですか？ | **Do you have a loyalty card?**<br><br>⇨ Would you like to have make one? It's totally free.（カードをお作りしましょうか？ 無料です） |
| ✓ 申し訳ありませんが両替はできません。 | **I'm sorry, but we don't change money here.** |
| モバイル決済をご利用いただけます。 | **You can use mobile payment.** |
| こちらのコードを読み取ってください。 | **Please scan this code.** |
| チップはいりません。 | **You don't need to tip.** |
| サービス料が10％プラスされます。 | **10% service charge will be added to the bill.**<br><br>🖙 added to =「加える」「加算される」 |
| レシートを見せていただけますか？ | **May I have your receipt, please?** |
| 申し訳ありません。新しいものとお取り替えします。 | **I'm sorry. Let me exchange it for a new one.** |
| 代金の払い戻しをいたします。 | **We will refund the money for it.** |
| 申し訳ありませんが、対応いたしかねます。 | **I'm sorry, but we will not be able to accept your request.** |

| | |
|---|---|
| ✓ 何かお困りですか？ | **Is everything okay?** |
| ご気分がすぐれないようでしたら、こちらでお休みください。 | **If you are not feeling well, please have a rest here.** |
| 何か紛失されましたか？ | **Have you lost something?** |
| | ≡ Do you have any idea where you lost it? (どのあたりで失くしたかわかりますか？) |
| 交番の場所をお教えしましょうか？ | **Shall I tell you where the police station is ?** |
| | ≡ Shall I take you to the lost and found? (遺失物取扱所までご案内しましょうか？) |
| すみませんが、少し声を抑えていただけますか？ | **Excuse me, could you keep it down a little?** |
| すみませんが、動画の撮影はご遠慮ください。 | **I'm sorry, but please do not take videos here.** |

**Chapter 12**
Customer service

# 飲食店の接客英語

## ✎ レストランや居酒屋での接客英語

| | |
|---|---|
| 何名様ですか？ | **How many people are in your party?** |
| | ⇐ A table for 2 please.（2名です） |
| テーブル席とカウンター席、どちらになさいますか？ | **Which do you prefer, a seat at a table or at the counter?** |
| お好きな席へどうぞ。 | **Please have a seat anywhere you like.** |
| ただいま満席です。 | **We are full right now.** |
| | ⇒ It will be 20 minutes wait.（待ち時間は20分ほどです） |
| リストにお名前を書いてお待ちください。 | **Please write your name down on the waiting list.** |
| お席の準備ができましたらお呼びします。 | **We will call you when your table is ready.** |
| お食事と一緒に飲み物はいかがですか？ | **Would you like a drink with your meal?** |
| | ⇐ Can I see the wine list?（ワインリストを見せてください。） |
| はじめにお飲み物はいかがですか？ | **Can I get you started with a drink?** |
| 日本酒は熱燗、冷酒どちらになさいますか？ | **Would you like to have your "sake" hot or chilled?** |
| こちらがメニューでございます。 | **Here is the menu.** |
| | ≡ Would you like to see an English menu?（英語のメニューをご覧になりますか？） |

接客での会話 ― 接客の基本フレーズ／飲食店の接客英語 ―

245

| 当店は天ぷらが有名です。 | **We are known for our "Tempura".** |
|---|---|
| | 🌸 be known for ～ =「～で知られている」 |

| こちら本日のおすすめです。 | **Here are today's specials.** |
|---|---|
| | ⬅ What do you recommend?（おすすめはなんですか？） |

| ✓ ご注文はお決まりですか？ | **Are you ready to order?** |
|---|---|
| | ≡ Are you ready for me to take your order?（ご注文をおうかがいしてもよろしいですか？） |
| | ≡ What can I get for you?（ご注文は何になさいますか？） |

| 申し訳ありません。本日は売り切れとなっております。 | **I'm sorry, we are out of that today.** |
|---|---|
| | ≡ I'm sorry, but the roast beef is finished for today.（申し訳ありませんが、ローストビーフは本日終わってしまいました） |

| セットにはサラダとドリンクが付きます。 | **The meal comes with salad and drink.** |
|---|---|
| | 🌸 日本のファストフード店で「セット」と呼ばれるものは、海外では "meal" や "combo" と呼ばれる。 |

| 何かアレルギーはありますか？ | **Do you have any allergies?** |
|---|---|
| | ≡ I'm allergic to soybeans.（私は大豆アレルギーです） |
| | 🌸 have an allergy to ～ =「～アレルギーです」 |

| ✓ 他にご注文はございますか？ | **Can I get you anything else?** |
|---|---|

|  |  |
|---|---|
| ご注文を繰り返します。 | I'll repeat your order. |
| こちらがご注文の品でございます。 | Here's your order. |
| | 🌸 Here's your 〜 = 「こちらがご注文の〜です」 |
| お皿が熱いのでお気をつけください。 | Please be careful, the plate is hot. |
| スプーン[フォーク]をお持ちしましょうか？ | Would you like to use a spoon [fork]? |
| | ≣ May I bring a spoon?(スプーンをお持ちしましょうか？) |
| ご注文の品はすべてお揃いですか？ | Is that everything to your order? |
| お食事をお楽しみください。 | Please enjoy your meal. |
| お食事はいかがですか？ | How is your food? |
| 飲み物のおかわりはいかがですか？ | Would you like another drink? |
| お食事はお済みですか？ | Are you finished? |
| お皿をお下げしてもよろしいですか？ | May I take your plates? |
| デザートはいかがですか？ | Would you like some dessert? |
| お飲み物をお持ちしてもよろしいですか？ | May I bring your drink? |
| ✓ お食事はいかがでしたか？ | How was your meal? |
| 食べ物[飲み物]のラストオーダーになります。 | This is the last call for food [drinks]. |
| | ≣ Last call is 30 minutes before closing time. (ラストオーダーは閉店30分前です) |
| | 🌸 last call = 「最終案内」「ラストオーダー」 |

247

| 追加のご注文はよろしいですか? | Would you like to order anything else? |
|---|---|
| まもなく閉店の時間となります。 | We'll be closing soon. |

## ✐ ファストフードや食券を使うお店の接客英語

| こちらでお召し上がりですか、お持ち帰りですか? ✓ | **For here or to go?** [米]<br>🖐 Eat in or take away? [英] |
|---|---|
| どのサイズになさいますか? | **Which size would you like?** |
| トッピングはすべて入れてよろしいですか? | **Would you like all the toppings on it?** |
| 他にご注文はありますか? | **Anything else?** |
| この番号札でお待ちください。 | **Please take this number and wait at your table.** |
| できたらお呼びします。 | **We'll call you when it's ready.** |
| まず券売機で食券を買ってください。 ✓ | **Please buy a ticket from the machine first.**<br>⇐ How can I order?（どうやって注文したらいいですか?）<br>⇒ Please buy a ticket from the machine first.（まず券売機で食券を買ってください） |
| メニューからお選びください。 | **Please choose your order from the menu.** |
| お金を入れてボタンを押してください。 | **Insert your money and press the button.**<br>🖐 insert money＝「お金を挿入する」 |

# 小売店の接客英語

## 🖋 小売店の基本フレーズ

| | |
|---|---|
| 何か特にお探しのものがありますか？ | **Are you looking for anything in particular?** |
| | 🖈 in particular ＝「特に」<br>⇐ Yes. I'm looking for some Japanese sweets called "dorayaki". (はい、和菓子の「どら焼き」を探しています) |
| ご質問があれば、お気軽におっしゃってください。 | **Please feel free to ask if you have any questions.** |
| | 🖈 feel free ＝「気軽に」「遠慮しないで」 |
| どちらから来られたのですか？ | **Where are you from?** |
| お土産にぴったりですよ。 | **It's perfect for a souvenir [gift].** |
| プレゼントをお探しですか？ | **Are you looking for some gifts?** |
| これはおすすめです。 | **We recommend this one.** |
| お安くなっていますよ。 | **These are on sale.** |
| ただ今、春のセール中です。 | **We're having a spring sale.** |
| こちらは25%オフとなっております。 | **There's a discount of 25% on this.** |
| 試食してみますか？ | **Would you like to try some?** |
| | ⇐ It's good. What's this flavor? (おいしい、何味ですか？)<br>⇒ This is Japanese plum flavor. (これは日本の梅味です) |

249

| | |
|---|---|
| 外国人のお客さんに<br>とても人気ですよ。 | This is very popular among foreign tourists. |
| 日本人観光客にも有<br>名です。 | This is also popular among Japanese tourists. |
| このクッキーは日持<br>ちしますよ。 | These cookies will stay fresh for a long time. |

🌱 stay fresh =「日持ちする」

| | |
|---|---|
| これらは手工芸品です。 | These are handicrafts. |
| お気軽に手に取って<br>お近くでご覧ください。 | Please feel free to pick it up and take a closer look. |
| これは「江戸切子」<br>と呼ばれています。 | This is called "Edo-kiriko". |
| これらはこのあたり<br>の特産品です。 | These are local products from this area. |

🌱 local products =「特産品」

| | |
|---|---|
| これは東京で作られ<br>ました。 | This was made in Tokyo. |
| ここでしか手に入ら<br>ないものですよ。 | You can only get them here. |
| カナダに郵送できます。 | We can send it to Canada. |
| 3つで1000円でい<br>いですよ。 | You can get 3 for 1 thousand yen. |
| これはおまけです。 | This is a free gift for you. |
| プレゼント用です<br>か？　ご自宅用です<br>か？ | Is this a gift or for yourself? |

≡ Would you like it wrapped ?（贈り物用にお包みしますか？）
⇨ Would you like me to put a ribbon on it?（リボンをお付けいたしましょうか？）

| | |
|---|---|
| 箱は有料になります。 | There is a charge for the box. |

| | |
|---|---|
| ✓ ご試着されますか？ | **Would you like to try that on?**<br><br>⇐ Where is the fitting room?（試着室はどこですか？）<br>⇒ The fitting room is over there.（試着室はあちらです） |
| サイズはおいくつですか？ | **What size are you?** |
| ✓ いかがですか？ | **How does it fit?** |
| お似合いですよ。 | **It really suits you.** |
| これはいかがでしょう？ | **How about this one?** |
| 別のものを持ってきましょう。 | **Let me find another one.** |
| 違うサイズのものを持ってきましょうか？ | **Shall I bring you a different size?**<br><br>≣ Let me check if we have any other sizes.（他のサイズがあるか確認してまいります） |
| すみません、現品限りになります。 | **I'm sorry, this is all we have.**<br><br>≣ I'm sorry, it's sold out.（すみません、売り切れです） |
| Tシャツのご試着は、ご遠慮ください。 | **Please refrain from trying on the T-shirts.**<br><br>🕊 refrain from =「（一時的に）ある行動を控える」 |
| 直しに3日かかります。 | **It'll take 3 days to be altered.** |
| 長さはこのくらいでいかがですか？ | **Is this length okay for you?** |
| こちらにおかけください。 | **Please have a seat here.** |

# コンビニ・スーパー・ドラッグストアの接客英語

## ✐ コンビニなどの基本フレーズ

| | |
|---|---|
| ひげ剃りはこの通路の奥です。 | **The shavers are at the end of this aisle.**<br>🖋 aisle =「通路」 |
| 生理用品はあちらにございます。 | **The sanitary protection is over there.** |
| お手洗いはあちらです。 | **The restroom is over there.** |
| レジ袋をご利用ですか？ | **Do you need a plastic bag?**<br>🖋 "plastic bag" とはコンビニなどで使われている「ビニール製の袋」のこと。 |
| 一緒に袋に入れてもよろしいですか？ | **Can I put everything in the same bag?** |
| お弁当を温めますか？ | **Do you want your lunch heating up?** |
| お箸をお付けしますか？ | **Would you like some chopsticks?** |
| フォークはいくつお付けしますか？ | **How many forks do you need?** |
| お釣りを忘れないでくださいね。 | **Don't forget your change.** |

## 薬を販売するときの会話

| | |
|---|---|
| 今日はどうされましたか？ | **What's the problem?** |

---

| | |
|---|---|
| どのような症状ですか？ | **What are your symptoms?** |

⇐ It's not so serious.（軽い症状です）
🐾 symptom =「症状」

---

| | |
|---|---|
| 薬にアレルギーはありますか？ | **Are you allergic to any medications?** |

---

| | |
|---|---|
| これは頭痛薬です。<br>A | **This is a medicine for headaches.** |

⇐ Do you have any medication for headaches?
（頭痛薬はありますか？）
⇒ This is a medicine for headaches.（これは頭痛薬です）

---

| | |
|---|---|
| 痛みを和らげる効果があります。 | **It will ease your pain.** |

🐾 ease =「和らげる」「楽にする」

---

| | |
|---|---|
| 咳を止めてくれます。 | **It will stop the coughing.** |

---

| | |
|---|---|
| 食後に一錠お飲みください。 | **Please take one tablet after meals.** |

🐾 after meals =「食後」。before meals =「食前」

---

| | |
|---|---|
| 1日3回の服用です。 | **You take 3 times a day.** |

---

| | |
|---|---|
| 処方箋はお持ちですか？ | **Do you have a prescription?** |

🐾 prescription =「処方箋」

---

| | |
|---|---|
| お大事に。 | **Please take care.** |

WORDBOOK
ワードブック A

| | | | |
|---|---|---|---|
| 頭痛薬 | **headache medicine** | 風邪薬 | **cold and cough medicine** |
| 解熱剤 | **antipyretic** | 鎮痛剤 | **painkiller** |
| 胃腸薬 | **gastrointestinal medicine** | 幣腸剤 | **antiflatulent** |
| 冷湿布 | **cold compress** | 温湿布 | **warm compress** |
| 酔い止め薬 | **motion sickness medicine** | 抗生物質 | **antibiotic** |

# スパ・エステの接客英語

## 📝 スパ・エステ・マッサージの基本フレーズ

| | |
|---|---|
| ご予約をされていますか？ | **Do you have a reservation?** |
| お名前をうかがえますか？ | **May I have your name, please?** |
| ✓ 本日は、どのようなお手入れをご希望ですか？ | **What would you like to have done today?** |
| マッサージ＆スキンケアコースはいかがですか？ | **Would you like a massage and skin care course?** |
| ✓ この質問表に記入していただけますか？ | **Could you fill out this questionnaire?** |
| 持病はありますか？ | **Do you have any chronic illnesses?**<br>⬅ Nothing in particular.（特にありません）<br>🌸 chronic illness ＝「持病」「慢性病」 |
| 妊娠されていますか？ | **Are you pregnant?**<br>⬅ No, I'm not.（いいえ）<br>⬅ I'm 3 months pregnant.（今、妊娠 3 ヵ月です） |
| ✓ こちらへどうぞ。 | **Here, this way.** |
| このローブに着替えてください。 | **Please change into this robe.**<br>⬅ Should I take off my underwear, too?（下着も取ったほうがいいですか？） |
| ロッカーのカギです。 | **Here is your locker key.** |

| | |
|---|---|
| こちらの使い捨て下着をお使いください。 | **Please wear this disposable underwear.** |

⇐ Do you have any disposable shorts?（紙ショーツはありますか？）

⇒ Please wear this disposable underwear. （こちらの使い捨て下着をお使いください）

🌿 disposable =「使い捨てできる」「消耗品」

| | |
|---|---|
| ✓ 荷物をお預かりします。 | **We'll keep your stuff.** |
| アレルギーはございませんか？ | **Do you have any allergies?** |
| ベッドに横になってください。 | **Please lie down on the bed.** |
| あおむけ[うつ伏せ]に寝てください。 | **Please lie on your back [stomach].** |

🌿 lie on your back =「あおむけ」。lie on your stomach =「うつ伏せ」

| | |
|---|---|
| 膝を曲げてください。 | **Please bend your knees.** |
| 脚を伸ばしてください。 | **Please stretch out your legs.** |
| いかがですか？ | **How do you feel?** |

⇐ I'm so relaxed. （とても気持ちいいです）

| | |
|---|---|
| 特に気になるところはございますか？ | **Is there a particular focus area?** |
| では、終了です。 | **We're all done.** |

接客での会話 — スパ・エステの接客英語 —

255

※本書は『日常英会話ハンドブック』（2018年、弊社刊）を加筆・変更したものです。

本書の内容に関するお問い合わせは、書名、発行年月日、該当ページを明記の上、書面、FAX、お問い合わせフォームにて、当社編集部宛にお送りください。電話によるお問い合わせはお受けしておりません。また、本書の範囲を超えるご質問等にもお答えできませんので、あらかじめご了承ください。
　FAX：03-3831-0902
　お問い合わせフォーム：https://www.shin-sei.co.jp/np/contact-form3.html

落丁・乱丁のあった場合は、送料当社負担でお取替えいたします。当社営業部宛にお送りください。
本書の複写、複製を希望される場合は、そのつど事前に、出版者著作権管理機構（電話：03-5244-5088、FAX：03-5244-5089、e-mail：info@jcopy.or.jp）の許諾を得てください。
JCOPY ＜出版者著作権管理機構　委託出版物＞

**もっと楽しく**
# 日常英会話ハンドブック
**2024年1月5日　初版発行**

編　者　新星出版社編集部
発行者　富永靖弘
印刷所　公和印刷株式会社

発行所　株式会社新星出版社
〒110-0016　東京都台東区台東2丁目24
　　　　　電話（03）3831-0743

ⒸSHINSEI Publishing Co., Ltd.　Printed in Japan

ISBN978-4-405-01277-6